Punto de encuentro

Qué puede hacer la política por los jóvenes
y qué pueden hacer los jóvenes por la política

Roberto Valencia Hernández

D.R. *Punto de encuentro, Qué puede hacer la política por los jóvenes y qué pueden hacer los jóvenes por la política*

Primera edición: 2024
ISBN: 9798327998995

Diseño de interiores: Estudio Magnolia en colaboración con Andrés Sanhueza

Diseño de portada: Cynthia Aline Cortés Hernández (Aline Venus)

A mi madre y a mi padre.

Índice de contenido

Introducción

Cuando comencé a escribir esto, tenía un objetivo claro: decir que aquí estamos, aquí vamos a seguir y hacemos mucha falta en lo público.

Crecí en el seno de una familia donde ambos padres eran maestros, una experiencia que sin duda ha moldeado la persona que soy en el presente y que seguirá influyendo en quien seré mañana. De pequeño, me enseñaron que la basura se deposita en su lugar, que la tarea se hace todos los días y que las amistades se riegan y procuran como las plantas. Desde entonces entendí tres mensajes: primero, que seguir las reglas sirve para que vivamos mejor; segundo, que esforzándome en la escuela me iría bien en el futuro y tercero, que cuidar de los otros era igual de importante que las anteriores.

Me formé en la educación pública hasta la licenciatura y en cada etapa procuré más a mis amigos que mis calificaciones, más los proyectos que las tareas perfectas y más el aprendizaje que simplemente cumplir con la norma. Durante la universidad, tuve la oportunidad de conocer lugares y personas con grandes ideas, pero con escasos espacios para desarrollarlas. Entré en contacto con expertos tanto dentro como fuera de las aulas, recorrí numerosas calles, hablé con mucha gente y me esforcé por aprovechar al máximo cada día como estudiante.

He pasado la mayor parte de mi vida en el Estado de México, aunque durante la universidad tuve la oportunidad de visitar otros países. Cada experiencia en el extranjero me hizo apreciar y querer aún más a mi patria. Comencé por expresar mi afecto hacia ella al intentar comprenderla mejor, al involucrarme más en su realidad y al estudiar con cada vez más detalle sus pilares o fundamentos.

Formé parte de grupos propositivos, participé en la organización de colectas y brigadas durante el sismo del 2017, me uní al equipo de debate, dediqué horas de mi servicio social a actividades como barrer, pintar y realizar otros eventos tanto en mi escuela como fuera de ella. También brindé mi tiempo y mi trabajo al ayuntamiento donde vivo con el objetivo de ayudar. Hice todo lo que estuvo a mi alcance, desde escribir oficios y cargar sillas, hasta ondear banderas y aplaudir logros, o bien, ignorar fracasos. Sin embargo, a pesar de todas estas acciones, no logré cambiar las estructuras ni mejorar las condiciones de vida de los jóvenes en mi municipio.

En otro espacio, establecí redes juveniles para promover una agenda sostenible y ayudé a mis amigos a conformar talleres que ofrecieron a la sociedad de manera gratuita. Personalmente, también impartí talleres, coordiné torneos, corté hierba de terrenos baldíos, defendí causas en redes, pero tampoco logré generar cambios significativos para la juventud de mi comunidad.

Dentro de un partido político en el cual milité, hice lo anterior y más. Gané torneos, me tomé fotos, convoqué amigos, atraje talentos, adopté el estilo de vestimenta y lenguaje propios del entorno, incluidas las formas de saludo habituales. Sin embargo, al final, tanto el partido como la comunidad, ignoraron sus promesas y mis proyectos para mejorar la situación de los jóvenes.

Yo no estuve equivocado al querer cambiar al mundo y tú tampoco lo estás al aspirar a lo mismo. De hecho, a través de estas páginas, te invito a que exploremos otras formas de participación tanto dentro como fuera de la política partidista y electoral. Lo que escribo está dirigido a todas las personas que han experimentado lo que yo viví y a aquellas que quieren vivir lo que he vivido; espero, además, que sirva como un llamado a quienes actualmente están viviendo lo que vivo, para que extiendan una mano solidaria a los miles que somos.

Para la posteridad, deseo que esto sirva como prueba de que, como generación y como jóvenes, hicimos algo. Y para ti, que estás leyendo estas palabras, quiero que sea una invitación a no perder el optimismo, a no abandonar nuestra visión de un México mejor. Habrá otro México para los jóvenes que vienen y que ya no seremos. Todos merecíamos lo mejor. Ellos lo merecerán. No les fallemos.

CAPÍTULO 1

Jóvenes de hoy, políticas de antier

Dentro de todos los discursos políticos, independientemente de la fecha en que fueron pronunciados, hay promesas, mensajes y agradecimientos dirigidos a la juventud. Siempre se menciona su relevancia en el ámbito público del país, pero rara vez se aclara cómo esas juventudes participan en la política, o cómo se facilita la transición de las nuevas generaciones hacia la función pública.

Por ello, hablaré sobre las condiciones y comportamientos de la juventud partiendo de lo que implica alcanzar la mayoría de edad, pues, al obtener el estatus de ciudadano legalmente reconocido, se adquiere el derecho al voto y, por consiguiente, a participar en la política formal.

Este escrito busca incidir en los jóvenes y en los adultos como actores políticos (si bien se harán más precisiones al respecto), ya que considero un grave error explicar la política a la juventud partiendo del supuesto de que no la entienden porque es muy "compleja". En realidad, **los políticos son quienes no han logrado descifrar a los jóvenes y no al revés.**

Las características de la juventud y sus perspectivas sobre la política

En cada uno de nosotros coexisten lo finito y lo infinito. Lo finito se manifiesta en nuestra condición humana, con necesidades biológicas y capacidades físicas limitadas. Nuestros cuerpos están compuestos por órganos que alcanzan su máximo desarrollo y luego inevitablemente comienzan a declinar en su funcionamiento, hasta llegar al final de su vida útil. Con este fin, también llega el término de la vida del cuerpo que constituyen.

También dentro de nosotros reside todo aquello que somos capaces de imaginar y crear, lo infinito. De aquí surgen las innumerables posibilidades de todo eso que podemos soñar, desear y proponer. De vez en cuando, algunos afortunados y dedicados logran trascender con sus ideas y aportaciones, dejando un legado para las generaciones futuras.

Hay rasgos especialmente notables en la juventud. Resalta la constante evolución del cuerpo, la exaltación de las capacidades físicas y el aumento de la actividad mental. Lejos del miedo a la muerte, uno se encuentra con más ímpetu que nunca para alcanzar cada una de sus metas y deseos. Esta combinación resulta interesante: la conciencia de la finitud del cuerpo contrasta la capacidad y entusiasmo para alcanzar los objetivos.

Quisiera que perseguir los sueños fuera una realidad para todos los jóvenes de México. Sin embargo, hay quienes pueden dedicarse a lo que les gusta y quienes abandonan la carrera de sus sueños por falta de recursos, por hacerse cargo del hogar o simplemente por no encontrar un trabajo que les permita seguir adelante con su proyecto de vida.

Dicho esto, ¿es relevante la política en este panorama? Y si lo es, ¿dónde encajan los jóvenes en ella? ¿Qué puede hacer la juventud por la política y qué puede hacer la política por la juventud?

La juventud como periodo de transición

Comprendida entre los 12 y los 29 años de edad, la juventud es un periodo en la vida de todo ser humano que debe reconocerse como una etapa de frecuente experimentación. Durante estos años, se enfatiza el cambio en nuestros intereses, gustos y objetivos, puesto que la visión personal se modifica y evoluciona a medida que somos expuestos a diferentes estímulos del mundo:

diversas conversaciones, relaciones, responsabilidades. Con este (siempre complicado) proceso de transformación mental y física, el individuo abandona su personalidad infantil para avanzar hacia una juvenil y su relación con el mundo que le rodea progresa a raíz de esto.

Probablemente uno de los momentos de inflexión más importantes durante la juventud sea el despertar del interés por la emancipación familiar. La propia naturaleza evolutiva del joven, las costumbres de la sociedad e incluso la familia sugieren, a través de comentarios como "es hora de volar del nido" o "¿has pensado en vivir sola/o?", que el siguiente paso en la vida es lograr independizarse.

Con la emancipación familiar, buscamos satisfacer el impulso de libertad y construir nuestra individualidad. La anhelamos para hacer libre uso de nuestra energía y tener la autonomía de dirigirla hacia los intereses que nos motivan. Entre otras razones sociales, las familias consideran este proceso como necesario, ya que, al "hacerse cargo de uno mismo", los padres perciben que sus hijos han alcanzado la madurez.

Sin embargo, a pesar de toda la presión social, para lograr tal objetivo no basta con llegar a cierta edad. Tampoco existen reglas generales para salir de la casa de los padres. El entendimiento del entorno en el que se produce este acto determina en gran medida su éxito y, por lo tanto, se deben considerar múltiples factores.

En repetidas ocasiones he escuchado a los adultos de ciertas generaciones juzgar a los jóvenes según si viven con su familia o no, llegando incluso a calificar de "flojos" a quienes no lo han logrado. Si bien es cierto que independizarse requiere de un esfuerzo constante y no es tarea fácil, no debemos de limitar nuestros parámetros sobre el éxito de los jóvenes pensando que sólo lo alcanzan una vez que dejan de vivir en el hogar de sus padres, o que no son exitosos si no es su prioridad hacerlo. Contemplemos que:

1. Lograrlo no sólo depende de cuántas "ganas le eche" una persona. También intervienen otros factores, como los laborales, económicos, de infraestructura, de crédito y políticos, y no siempre para bien.

2. Aun si lograr la independencia es su interés y prioridad, el valor de la juventud no se puede medir únicamente cuando se satisfacen ciertas expectativas sociales. De entenderlo así, ignoraríamos su capacidad de resiliencia y autodeterminación, y, sobre todo, sus valores.

Sin duda, independizarse también significa transitar hacia otra etapa de la adultez, pero no determina del todo a ninguna persona, mucho menos cuánto vale o si verdaderamente ha trabajado lo suficiente para poder aspirar a una vivienda propia. Este tema tiene más implicaciones a diferentes escalas y en diversos ámbitos que trascienden a lo familiar, y en gran medida a esto se debe que se use como un marcador de la vida activa económicamente hablando de un individuo o de un adulto, incluso joven.

Experimentación continua

La experimentación continua es otra de las claves determinantes para comprender a la juventud. Las características que hacen de los jóvenes individuos de diversas capacidades e intereses provocan que durante este periodo estén mayormente abiertos, disponibles y propositivos hacia nuevas experiencias de todo tipo.

En esta etapa, casi por naturaleza biológica, los individuos se exponen voluntariamente a diferentes escenarios en busca de conocer y vivir el mayor número de experiencias posibles. Esta práctica contribuye a la autodeterminación siempre que se sume al autoconocimiento.

Este rasgo juvenil, que sirve para explorar el mundo, también es beneficioso porque a través de la comprobación empírica (que incluso se fortalece por medio del descarte), los jóvenes desarrollan los principios del criterio y la personalidad que los acompañarán durante el resto de su camino.

Otro rasgo que puede desprenderse del anterior es la naturaleza contestataria de la juventud, su interés por cuestionar las estructuras, las autoridades y quienes definen las normas. Es importante señalar que esta característica podría llevar a pensar que los jóvenes son desmesuradamente antagónicos contra todo, incluso, que parezcan enemigos de lo establecido (ya sea beneficioso o no).

Sin embargo, los grandes cambios políticos y sociales han ocurrido continuamente gracias a esta constante inconformidad que siembra el cambio en las estructuras sociales. Defiendo de forma cuasi poética que, en un contexto tan decadente e injusto, son los agresores los que buscan la paz. En gran medida, es gracias a la intrepidez de los jóvenes que la agenda pública se enfoca en las desapariciones, las injusticias y las necesidades sociales. En capítulos posteriores abordaremos de manera más clara algunas de las razones detrás de esta afirmación.

Juventud interesada en mejorar sus condiciones

Cada generación ha estado, progresivamente, más expuesta a información de toda índole, y resulta interesante pensar que las condiciones para esta generación son peculiares. Debido al tiempo que pasamos consumiendo información frente a una pantalla y a la gran cantidad de plataformas digitales, como las redes sociales (principalmente), circula información a la que la juventud está sobreexpuesta.

Toda esa información reproduce ideas, narrativas, modas, noticias y mucho más que, en conjunto, influye en nuestros pensamientos. Hoy en día, es casi imposible que un joven entre los doce y veintitantos años de edad no conozca el nombre de los artistas más populares, las tendencias virales, el próximo estreno de un *reality show*, los resultados de las últimas elecciones en su Estado y el nombre de al menos una especie en peligro de extinción, todo gracias al constante bombardeo de contenido digital que consumen en cápsulas de 7 segundos durante horas frente a las pantallas. De hecho, según Hurtado Razo, los mexicanos pasamos en promedio 6 horas diarias en el celular con fines de entretenimiento. También, de acuerdo con Hurtado Razo, más del 60% de los mexicanos pasa más de dos horas diarias en WhatsApp, casi el 50% destina tres o más horas a Facebook y más del 60% dedica cuando menos 3 horas a ver contenido en Instagram. [1]

Lo interesante de analizar aquí es que la mayoría de los tópicos, si no todos, están relacionados directa o indirectamente con el hoy o el mañana de la juventud. Ya sea que se trate del cambio climático, la despenalización del aborto, la inflación, incluso la próxima prenda de moda o prácticamente cualquier tema estará estrechamente vinculado al entorno social, económico, ambiental o político que les rodea, y a las oportunidades que esto les presenta

---

[1] Hurtado Razo (@LuisHuRRa), "Cómo usan #WhatsApp los mexicanos". Post en Twitter, 04/10/21. (1) Luis Ángel Hurtado Razo en X: "1 de 4. De este tamaño es la problemática que están enfrentando millones de personas en todo el mundo tras la caída de las principales #RedesSociales. El año pasado realizamos el 1º Estudio Nacional "Cómo usan #WhatsApp los mexicanos" y el 20.9% dijo pasar 2 horas al día en su uso https://t. co/2RIqpPfykn" / X (twitter.com).

o les arrebata para su presente y futuro. Sin lugar a duda, este flujo de información incide en su disposición e interés sobre temas sociales de coyuntura nacional e internacional. Un par de casos muy claros son el racismo y el feminismo, ambos atravesados por la línea política.

También podría parecer para algunos que la juventud "ahora se interesa por cosas nuevas". No obstante, es necesario observar que ninguno de los temas que principalmente defienden los jóvenes resulta por completo nuevo; quizás, más bien, se debe a que en nuestros tiempos existe una mayor difusión y acceso rápido a la información. Precisamente desde estos intereses particulares y su exposición, los jóvenes comienzan a profundizar y participar en la política, no a través de un partido o una institución gubernamental, sino en la búsqueda de ser parte y agente de cambio en los temas que les interesan. Como ejemplo y aprovechando el ya mencionado caso del feminismo, están los cientos de colectivos que promueven en redes sociales (y se informan ahí mismo) una cultura de equidad, respeto y exigencia por el cumplimiento de la ley.

Ahora bien, ante la enorme cantidad de información y las distintas formas de consumirla, lo impresionante no es que exista una acción reactiva por parte de los jóvenes, sino la ineficacia de un sistema como el Estado o el gobierno para evolucionar al respecto y, sobre todo, para transformar las condiciones que generan las noticias. Lo ilógico entonces sería quedarse de brazos cruzados ante el conocimiento de las múltiples y variadas injusticias e inacciones que conforman la realidad que nos rodea. Es por esto mismo que debería celebrarse que la actividad juvenil se enfoque en temas sociales por encima de los individuales. Esto tal vez exprese un mayor grado de conciencia social, la cual alienta a los individuos a actuar por otros y, en un segundo y más elevado grado de importancia, representaría un paso evolutivo en el sentido de colectividad, tan necesaria para las grandes transformaciones.

Resulta profundamente necesario que el acceso a la información no se valore únicamente por el número de visitas o visualizaciones en una red social, ni se mida su impacto sólo por el *engagement* que pueda lograr digitalmente. Cuando esa información permea en la realidad a través de las acciones, puede considerarse la utilidad y el valor de su conocimiento. Por ello, la expresión de inconformidad y protesta juvenil son los primeros pasos observables de una generación que se encamina hacia el cambio.

A pesar de que no es común que los jóvenes en México sean ávidos lectores de política económica y filosofía pura, existen señales que nos indican un interés creciente en el entendimiento de las condiciones económicas y laborales que los rodean. Muchas veces ni siquiera son conscientes de esto, pero las tendencias en redes sociales que señalan su inconformidad o nostalgia al haber estudiado una licenciatura o ingeniería en su temprana juventud y contrastarlo con su trabajo actual, que muchas veces no está relacionado y es menos prometedor en términos económicos o de plenitud personal, son una clara muestra de que se preguntan: "¿Por qué, si estudié para desempeñarme como profesional, ahora estoy haciendo esto?". [2]

Un grito de socorro

La abrumadora cantidad de noticias, documentales, reportajes, publicaciones en redes sociales, videos, marchas, leyes, comunicados y discursos políticos han hecho que muchos pierdan algo de sensibilidad ante diversos temas y, lamentablemente, ya no les sorprende saber que ser una mujer joven en México implica un aumento en las probabilidades de riesgo para su integridad.

Es imprescindible ilustrar la inconformidad de esta generación respecto a la atención a ciertos eventos para, además de describir algunas características juveniles, comprender que las protestas sociales surgen de la terrorífica cercanía a estas situaciones. Pasar por alto la avasallante inseguridad que enfrentan las jóvenes (al igual que el resto de los grupos etarios de la población femenina), sería tanto omiso como cobarde. Este contacto

---

[2]   Abdiel Sepúlveda. "'Rosa pastel', el trend más triste de México que se volvió viral en TikTok". *El Universal*, 13/07/23.

es tan estrecho y común que el hostigamiento y el acoso han sido, lamentablemente, algo constante en la historia de vida de todas las mujeres.

La situación ha forzado a normalizar la anticipación de sucesos de este tipo, por lo cual las familias adoptan códigos con sus hijas, como palabras clave ante el riesgo, números de emergencia e incluso entrenamientos de defensa personal. Las primeras ocasiones ni siquiera son claras de identificar como una agresión para las mujeres. Cuando una reclama con violencia por sus derechos, se la cataloga como "loca", como si fuera normal que esto sucediera. El acoso y el hostigamiento se han normalizado a un grado lastimoso, hasta un nivel tal que las autoridades limitan a las jóvenes en su manifestación y las reprimen por obstruir lo público, antes que castigar ejemplar y definitivamente a los agresores.

Ante tales circunstancias, las redes de apoyo son principalmente familiares y amistades cercanas, pero rara vez incluyen a los cuerpos policiacos. Los datos que nos rodean a menudo empujan a la juventud hacia la desconfianza; el Estado se ve superado en confianza, cercanía, operatividad, estrategia y, por supuesto, en resultados.

En cada quintil económico, en cada comunidad, en todas las profesiones y oficios, en todas las escuelas y edificios, existe un marcado atraso social que oprime a la mujer. Mientras la "atención" al tema siga siendo paliativa y centrada en la prevención para las mujeres, el problema persistirá. Es casi absurdo que se enseñe a la mujer a defenderse antes que enseñar al atacante a evolucionar su mentalidad primitiva. El riesgo y las condiciones varían según los contextos, y es deplorable la ineficiencia de los estados para abordar cada uno de los casos.

Este tema atraviesa todos los aspectos de la vida de las mujeres, y sus impactos se extienden más allá de lo visible.[3] Desconcentran, corrompen, limitan, obstruyen y cierran puertas, incluso desde sus perspectivas personales hacia el mundo que les rodea.

No hay una sola campaña política que no señale la urgente necesidad de que el Estado actúe para reducir los índices delictivos contra las mujeres, y tristemente, tampoco hay ninguna que haya logrado tasas de éxito relevantes. Desde sus trincheras, las mujeres solas han impulsado los cambios que desean ver. Los colectivos de madres buscadoras de desaparecidos, los grupos feministas que presionan para que las legislaciones contemplen la despenalización del aborto y los millones de mujeres que no descansan cuando presencian violencia de género son las que han liderado con fuerza los cambios sustanciales en la función pública, que suele parecer ajena a la crisis.

---

[3] Recomiendo revisar las cifras que aparecen en ONU Mujeres México, "Naciones Unidas insta a acelerar las acciones y el financiamiento para avanzar hacia la igualdad de género", 08/03/24.

Los jóvenes son flojos

Escuchar a un adulto hablar sobre la juventud comúnmente comienza con la frase "yo a tu edad...", con la cual contrastan situaciones del pasado y del presente bajo la lógica de una realidad estática que no existe. Es decir, juzgar los hechos del presente con la lógica que funcionó en el pasado no resulta óptimo, ya que la realidad se transforma y nuestra manera de evaluar el desarrollo de un grupo social también debería hacerlo. Esto aplica especialmente tratándose de condiciones sociales, las cuales están sujetas a distintos cambios económicos y políticos. Por lo tanto, comparar las oportunidades de la juventud de alguna época en posguerra con las oportunidades de la juventud en pleno siglo XXI arrojaría resultados distintos.

Una de estas generaciones se vio empleada después de fuertes depresiones económicas durante el auge capitalista de producción, mientras que la otra disputa su empleabilidad contra la automatización que la tecnología (y reducción de costos de nómina) ofrece a las empresas. El grado escolar promedio aumenta y, al mismo tiempo, la empleabilidad disminuye. Si en algún momento un título universitario le solucionó la vida a una generación, esa no es la misma suerte que tienen las generaciones presentes (ahondaremos en ello en el siguiente capítulo).

Principalmente son de la generación "baby boomer" (nacidos entre 1946 y 1964) y de la generación "X" (que nacieron entre 1965 y 1980) de quienes se suele escuchar hablar de lo "flojos" que son los jóvenes de la actualidad. Se basan en consideraciones como el desarrollo tardío de la juventud, pues "la edad promedio de emancipación voluntaria de los jóvenes mexicanos en la actualidad es a los 28 años".[4] Esto los lleva a concluir que son menos hábiles o activos que dichas generaciones en su juventud. Sin embargo, convenientemente parecen ignorar que, en la actualidad, "para emanciparse del hogar, los jóvenes destinarán hasta 47% de sus ingresos mensuales"[5] , es decir, en promedio, las y los jóvenes dejan la casa de sus padres cerca de los 30 años y destinan casi la mitad de sus ingresos sólo en vivienda.

De acuerdo con los datos de la Encuesta Nacional de Ingresos y Gastos del Hogar del INEGI (2020-2022), la generación "millenial" (20 y 29 años) percibió en promedio 7,251 pesos mensuales en 2022, mientras que el grupo con edades entre los 40 y 54 años pasó de 8,114 pesos mensuales en 2020 a 15,829 pesos mensuales en 2022.[6] Lo anterior sirve para observar que las posibilidades de acceso a mejores condiciones, incluidos

---

[4]   El Economista, "¿A qué edad se independizan los jóvenes en México?". 05/07/16.

[5]   *Idem.*

[6]   EFE. "Millenials mexicanos: ¿cuánto ganan y en qué trabajan?". *Informador.* 04/08/21.

mejores sueldos y vivienda, no son las mismas para unas y otras generaciones.

Por supuesto, no podemos inferir una homogeneidad en las juventudes, menos caer en la necedad de considerarlas como una sola (cosa que me parece un grave error cometido por las personas en el poder una y otra vez). Por ejemplo, una mujer indígena no cisgénero entre los 12 y los 29 años, habitante de Guerrero (el estado menos competitivo según el ICE 2023), no enfrenta los mismos problemas ni tiene las mismas oportunidades que una mujer cisgénero de entre 12 y 29 años en la Ciudad de México, el estado o ciudad con el mejor índice de competitividad estatal de acuerdo con el Instituto Mexicano para la Competitividad en 2023[7].

En ambos casos, las jóvenes enfrentan diversas condiciones de acceso a servicios básicos, desde alcantarillado y agua potable, alumbrado y rutas de transporte público cercanas al hogar, la escuela o el trabajo, seguridad pública confiable, vivienda digna, educación, oportunidades laborales, espacios de esparcimiento, tiempo libre en su jornada semanal, entre otros aspectos. Las condiciones sociales, políticas, estructurales y morales que rigen su contexto les permiten no sólo desenvolverse con libertad e integridad, sino también acceder a mejores oportunidades que las que tuvieron sus padres. Esto conduce a la búsqueda de la emancipación y la tan aspirada "movilidad social", un concepto que implica

---

[7]   IMCO. *Índice de Competitividad Estatal 2023*. 09/07/23.

que, generación tras generación familiar, haya acceso y ascenso a mejores condiciones de vida.

Ahora resulta necesario hablar un poco más sobre movilidad social para terminar de entender el contexto general de las juventudes y cómo este influye en sus características y perspectivas hacia la política. Para cualquiera es útil saber cuál es el panorama actual a este respecto. Además, analizar a los jóvenes teniéndolo en cuenta hará más sencillo empatizar con ellos.

La movilidad social mide los extremos de la distribución socioeconómica y cómo esto se manifiesta en diferentes grados de mejora en la calidad de vida. En resumen, la movilidad social mide la probabilidad de que alguien nacido en la pobreza mejore su calidad de vida o "deje de ser pobre". Por desgracia, los datos respaldan la teoría de que quienes nacen en una posición socioeconómica desfavorable tienen pocas posibilidades de superar dicha posición en su vida. Por otro lado, aquellos que nacen en una posición privilegiada (económicamente hablando) tienen pocas probabilidades de perder ese estatus a lo largo de su vida. De acuerdo con los datos del *Informe movilidad social en México 2019* del Centro de Estudios Espinosa Yglesias, 74 de cada 100 mexicanos que nacen en la pobreza no logran superar esta realidad durante toda su vida.[8] Independientemente de "sus

---

[8]   Centro de Estudios Espinosa Yglesias. *Informe movilidad social en México 2019*. Pág. 68.

ganas" para hacerlo, ¿qué probabilidades reales tienen de lograrlo?

Hasta aquí, podemos observar que, si bien las condiciones generales para la sociedad y las juventudes se han ido transfigurando, hay pocos índices que muestren pronósticos favorables. No obstante, la mayoría de los jóvenes estarán empeñados en mantener la esperanza de que las situaciones individuales y colectivas mejoren, aunque no tengan muy claro cómo participar de esta mejoría. Pensar que "por flojera no se superan", sin tener en cuenta las posibilidades reales de lograrlo, está alejado de todo rasgo inteligente, por decir lo menos.

³⁰ Su lugar en la historia

La mayoría de las características que se han explicado están estrechamente relacionadas con un momento histórico para las generaciones que lo transitan, entre ellos, los jóvenes. La interrelación de factores y acontecimientos sociales, políticos, culturales y económicos componen la realidad que habitan y como se desenvuelven, la misma realidad en la que procuran la construcción de su individualidad tomando del entorno lo que les funciona y lo mejor de aquello a lo que tienen acceso, para después hacerlo parte de sí mismos con el objeto de construir futuros.

Hemos sido jóvenes en momentos históricos distintos y las características de cada generación son causa y consecuencia de este mismo fenómeno. Un ciclo compuesto de hechos y oportunidades que moldean el pensamiento de las personas. Y cuando se dan nuevos resultados en alguna de sus variables, impactan en el desarrollo de los demás componentes de esta ecuación social.

Por ejemplo, hace apenas un par de generaciones, la comercialización de computadoras dio paso a una generación nueva de profesionales de la informática. Ahora se debate sobre la moralidad del uso de la inteligencia artificial. La diferencia entre las oportunidades profesionales de un informático en los ochenta contra las de un ingeniero informático en el 2024 es amplia y variada, pues para uno, el uso de la computadora y su desarrollo se basó en la automatización de los registros y procesos; para los de hoy, la inteligencia artificial ya presenta otros alcances.[9]

El debate no es nuevo, desde la invención de la máquina de vapor y su aprovechamiento en los procesos industriales se planteaba la interrogante sobre si valía la pena hacer máquinas que sustituyeran humanos en las labores manufactureras. A raíz de esto, nacieron nuevos

---

[9] Recomiendo escuchar las reflexiones del "padrino" de la inteligencia artificial sobre las amenazas relacionadas con esta tecnología que enfrentamos o podríamos enfrentar en Geoffrey Hinton, "Will digital intelligence replace biological intelligence?". University of Oxford. Consultado el 10/05/24 en https://www.youtube.com/watch?v=N1TEjTeQeg0

trabajos y las máquinas no le quitaron el trabajo a todo el mundo. Sin embargo, ahora la discusión no se trata de hacer o no máquinas, sino de hasta dónde deberían llegar sus capacidades o hasta qué punto podrían representar un riesgo para las personas.

Nuestro momento en la historia nos demanda esta y otras discusiones, y nos plantea nuevos retos a resolver por el impacto que ya tienen en la realidad de todas y todos. En este escenario debe contemplarse la movilización laboral que implica, la inversión pública que se hace al respecto, la educación de las personas que habitarán el mundo dentro de algunos años, las habilidades que deberá tener la generación que finalmente sea desplazada por las máquinas, el futuro climático-ambiental que avanza en nuestra contra...

Para ciertas generaciones que imaginan su futuro en esas condiciones, los hechos suenan abrumadores, mientras que otras ni siquiera lo conciben porque ya no imaginan su vida contra las adversidades de ese futuro. El mundo está en constante cambio, no es estático en ningún aspecto, y esta naturaleza fluctuante es determinante en el presente y en el futuro.

Viga en ojo ajeno

La juventud tiene consciente o inconscientemente una perspectiva política. Dicha perspectiva puede tanto inspirar su participación como generar un firme rechazo hacia las instituciones públicas y los políticos. Se forma una opinión sobre la política desde el momento en que se experimenta (o no) el acceso a los servicios básicos, se configura a través de las conversaciones de adultos sobre las próximas elecciones, se esboza una definición de lo que es la política desde las clases de historia durante la infancia, donde se hacen valoraciones sobre las acciones políticas que han tomado el país. Además, si consideramos que el sistema educativo ofrece conocimientos sobre la historia de México desde una perspectiva que tiende a simplificar a los personajes históricos como buenos o malos, cualquier acción emprendida por los jóvenes con miras a transformar sus condiciones y las de su entorno refleja un acto de valentía.

Sin embargo, tristemente, al contrastar estos esfuerzos con los espacios reales de injerencia política, la capacidad de gobierno se ve ampliamente rebasada. En otras palabras, el gobierno está sobrepasado, ya que apenas existen formas directas de colaboración que no estén subordinadas al sistema electoral o administrativo que prioriza a "los adultos".

Un aspecto fundamental que debemos analizar para comprender la relación de los jóvenes con la política es que una parte significativa del rechazo que tienen hacia la actividad pública no siempre se dirige a la institución del Estado en sí misma, ni hacia los instrumentos jurídicos que la conforman. En parte, este rechazo se debe a las prácticas deficientes y actitudes de "los políticos" que se encargan de la administración pública, las cuales contradicen los intereses de la juventud en la forma en que ejercen sus funciones. Esto, a su vez, genera una percepción negativa de la misma institución (el Estado).

Max Weber expone un ejemplo de esto en su libro *El político y el científico* cuando habla sobre el "verdadero funcionario", que está muy distante de lo que es un político. Según Weber, el verdadero funcionario, guiado por principios éticos sólidos, se limita a su labor administrativa imparcial, sin distraerse con la "política", ya que hacerlo desestabilizaría la maquinaria administrativa. Cuando un funcionario se desvía de esta norma, compromete su utilidad y convierte la función pública en un espectáculo mediático del cual nadie se beneficia más que "los políticos" [10].

En resumen, la labor de los funcionarios es utilizar, crear, medir, evaluar y mejorar los instrumentos de la función pública a través de los cuales opera el Estado. Cuando se politiza el ejercicio de los cargos

---

[10] Max Weber. *El político y el científico.*

administrativos, que deberían limitarse a la gestión, este mal proceder convierte en "malo" lo que en principio era "bueno".

Vayamos más a fondo con este análisis porque hay muchas más repercusiones en sus variables. Imaginemos los dos escenarios siguientes:

a) Alguien, en su intento de influir y tomar parte en la política, se encuentra con barreras de entrada, observa los errores en el sistema y se ve impedido por la falta de espacios; esto le aleja y su nueva perspectiva (ahora basada en una mala experiencia) es de antipatía y animadversión.

b) Alguien, al contradecir sus propios intereses con los intereses de los partidos políticos, no encuentra opción para participar en ellos. Esto en sí mismo constituye una barrera de entrada que los partidos conservadores no han sabido sortear y para los jóvenes es simplemente una muestra de lo arcaicos que resultan la mayoría de los colores políticos, sus filosofías y estructuras.

En ambos escenarios, las repercusiones de las pequeñas acciones, omisiones y errores percibidos por parte del joven trascienden los resultados evidentes, ya que, en resumen, generan rechazo y también animadversión con las estructuras principales del ámbito público. El primero afecta al Estado (gobierno) y el segundo a aquellos que se supone deberían servir como puerta de entrada a él, es decir, los partidos políticos.

Queda implícito otro impacto de suma relevancia, aunque de naturaleza en extremo silenciosa. Dichos malos resultados en términos profundos plantean una nueva interrogante de la cual no podemos conocer una cifra cierta; tristemente, sólo podemos imaginar la cantidad y calidad de excelentes perfiles juveniles de los que se pierden los gobiernos debido al mal actuar y a las demás deficiencias sociales y estructurales del gobierno o de los políticos.

Reconociendo la juventud como un periodo de autoconocimiento y de constante evolución moral y formativa, dos de los rasgos más valientes de los jóvenes son justamente su disposición al cambio y la búsqueda incansable, características que regularmente no describen a la política ni a ningún partido político en México.

Quizá uno de los efectos más importantes sea la extrapolación de estos resultados a la situación nacional. La reproducción, la no alteración y la falta de cuestionamiento hacia el presente mantienen ocultas las ineficiencias, preservan el injusto *status quo* y, con ello, se desvanece la oportunidad de cualquier transformación a fin de mejorar las condiciones de las personas en el presente y en el futuro.

La incidencia significativa de la falta de cuestionamiento es la conclusión de que aquello que no se cuestiona no se altera, y lo que no se altera, no se transforma ni evoluciona. **Aquí, los jóvenes tienen un papel esencial, pues no existe una etapa en la vida del ser humano**

en la que sea más valiente y contestatario que la juventud. Hace falta, si queremos una evolución del *status quo*, cuestionar la realidad desde nuestros principios y acelerar la revolución de las conciencias.

Este concepto de revolución no puede adjudicarse a un solo autor o defensor, ni responsabilizar sólo a los jóvenes de esto, tampoco creer que la revolución se ha efectuado. En realidad, es un concepto que engloba actitudes y acciones de cambio en la mentalidad, por supuesto, para mejorar. En ese ánimo, una revolución de las conciencias no culmina con una transformación política ni con la participación juvenil, sino que es una actitud que debe asumirse como propia y mantenerse independientemente del presente y de la edad. Siempre habrá nuevos resultados y, con ello, debería haber más cuestionamiento. Este ciclo no debe terminar, por el contrario, esta aptitud debe profundizarse, profesionalizarse y continuar.

Con mucho valor, persistencia e incluso un tanto de suerte, algunos perfiles mantendrán el interés aun contracorriente. Es gracias a la característica perseverancia y creatividad de la juventud que todavía se concibe la posibilidad de un futuro mejor.

CAPÍTULO 2

Participación política juvenil: más allá de las fotos y discursos

Jóvenes en el país

Datos del "Cuestionario ampliado. Censo de Población y Vivienda 2020" estiman que en México residían 37.7 millones de jóvenes (de 12 a 29 años), lo cual representaba el 30% de la población del país, compuesta en ese año por 125.5 millones.[11] Esta tercera parte de la población

---

[11] INEGI. "Censo de población y vivienda 2020". https://www.inegi.org.mx/programas/ccpv/2020/

ha estado enfrentando circunstancias económicas y laborales complicadas.

Isalia Nava Bolaños, investigadora del Instituto de Investigaciones Económicas de la Universidad Nacional Autónoma México (UNAM), señala que, debido al decremento en el bono demográfico del país, tenemos poco tiempo para prepararnos para los retos y desafíos que presenta el envejecimiento de la población.[12] Además, existen pocas oportunidades para que la sociedad se prepare para esos retos por venir con las condiciones actuales que atraviesa el país. No es un tema únicamente de "prisa" (antes de que nos gane el tiempo y la pirámide social esté invertida), sino también de apostar por una profunda transformación de la operatividad del gobierno en torno a lo laboral y lo económico.

Las facultades inherentes a la administración pública comprenden, además de la oportunidad de ejercerlas, la obligación de trabajar para demostrar mejores resultados. Como ya se mencionó, los jóvenes y la propia actitud juvenil son en extremo indispensables para este efecto de transición, ya que son ellos quienes enfrentan y enfrentarán los principales impactos de todas las acciones del gobierno en su futuro económico-social.

40

[12]   Isalia Nava Bolaños. "¿Qué paso con el bono demográfico de México?". *Gaceta UNAM*. 22/05/23

Parte de un discurso

Desafortunadamente, la política se erige como el eje transversal que influye y condiciona todos los aspectos de nuestro entorno. Esta afirmación viene acompañada de un sentimiento de pesar, pues la política misma representa un problema por resolver en el país. Resulta paradójico que, al mismo tiempo, se vista como la vía más prometedora para transformar la realidad. Específicamente para la juventud, la política puede parecer distante, ajena y hasta percibirse como un sistema que opera en su contra.

Este fenómeno se puede observar en el primer capítulo, pero incluso si analizamos desde otro ángulo la relación casi antagónica entre los jóvenes y la política, encontraríamos interesante destacar algunos de los pensamientos recurrentes de la juventud hacia el ámbito político.

Conversar con los jóvenes conlleva varios beneficios y uno de los primeros descubrimientos al hacerlo es su rechazo a ser utilizados en discursos políticos. Estos discursos los etiquetan como "el futuro de México", resaltan "la importancia de la juventud" y concluyen que "las nuevas generaciones van a cambiarlo todo", insinuando que, gracias a su ímpetu revolucionario, el futuro tendrá sentido y habrá justicia. Sin embargo, surge la pregunta: ¿la importancia de los jóvenes está en un futuro que todavía no existe? ¿Se les considera valiosos únicamente por lo que podrían llegar a ser?

El valor que estos discursos atribuyen a los jóvenes no radica en el entendimiento actual de quiénes son, qué necesitan y cómo se les puede ayudar, sino en la asignación de responsabilidades hacia el futuro. Esto les otorga una carga que no solicitaron y que no se les ayuda a desarrollar como propia. **Esta retórica los reduce a meras promesas y los aleja de su realidad presente**. Un enfoque como este revela una comprensión superficial y limitada que la mayoría de los políticos, gobierno e instituciones tienen sobre la juventud.

De manera implícita, esto demuestra que, para los políticos, la juventud no posee un valor intrínseco, sus problemas actuales no son atendidos y su virtud se reduce a lo que podrían llegar a ser, no a lo que ya son o a lo que ya han logrado. Menos aún, se considera su contribución potencial, la cual debería ser facilitada por las instituciones. A pesar de que muchos jóvenes comienzan a participar en el mercado laboral, su vulnerabilidad persiste. **Su juventud es su desventaja**.

La política reduce a los jóvenes en términos de edad, sin tener en cuenta que, durante esta etapa de la vida, muchos experimentan una compleja transición de la vida estudiantil a la vida laboral. Durante este proceso, los jóvenes deben lidiar con la búsqueda de un equilibrio entre sus sueños, obligaciones y posibilidades. Sin embargo, aquel que se centra únicamente en las oportunidades disponibles y no en las realidades a las que se enfrentan, ignora el hecho de que la mayoría de los jóvenes, consciente o inconscientemente, se ven abrumados al preguntarse: ¿cómo voy a cambiar el mundo si no me alcanza para el camión?

Para muchos jóvenes, la prioridad es satisfacer las necesidades básicas de sus familias, lo que significa asegurar el sustento del hogar. Sólo después de cumplir con tales responsabilidades, pueden considerar dedicar tiempo a la propia familia, a sí mismos o a causas sociales o políticas, pues, como dijo Facundo Cabral, "podemos hablar de metafísica porque ya hemos almorzado".

Esta realidad ilustra que, a los ojos de la mayoría de los políticos, gobiernos e instituciones, los jóvenes no enfrentan problemas significativos en su entorno, o al menos estos problemas son ignorados. En lugar de abordar las dificultades, se enfocan únicamente en explotar el potencial y las habilidades de los jóvenes, fomentando su entusiasmo revolucionario y alimentando la esperanza. Sin abordar de manera efectiva las problemáticas que enfrentan y sin ofrecer soluciones concretas, los discursos de los políticos en torno a la juventud resultan vacíos.

Del dicho al hecho

Existen numerosos temas que resultan difíciles de tocar y si hay algo sobre lo que es especialmente complicado conversar con los jóvenes, es la política. Muchos de ellos se sienten alejados de este ámbito debido a las responsabilidades que tienen, a la desconfianza que les generan los políticos, la falta de conocimiento o simplemente por indiferencia o desinterés. Como resultado, la mayoría de la población joven en México no sigue de cerca los acontecimientos políticos ni las decisiones que se toman en su país.

Por lo tanto, uno de los principales desafíos para los líderes es motivar a la juventud a superar la visión limitada de la política como algo relacionado únicamente el voto, los diputados y las campañas políticas. En su lugar, es necesario que comencemos a verla como un ente que influye en nuestras condiciones de vida diarias. Podemos reconocer sus fallos cuando una calle no está pavimentada y apreciar sus aciertos cuando un hijo de obreros logra acceder a una educación profesional o a una estabilidad laboral digna.

La política y la función pública están en los salarios mínimos, las vacaciones, la regulación del comercio que sustenta a múltiples familias, la seguridad, la pobreza y la riqueza. Se manifiestan en cada comunidad sin acceso a drenaje, en las calles sin alumbrado público, en las condiciones laborales inhumanas, en los programas sociales, en las escuelas, en las empresas y en cada aspecto que nos rodea.

Entonces, ¿qué sucede con aquellos jóvenes que están interesados en contribuir a su comunidad o el país? Rechazados por la política tradicional, la juventud ha fortalecido e incrementado el uso de formas alternativas de participación. A partir de sus intereses particulares y específicos surge una participación más activa entre los jóvenes del país. Esta participación no se da a través de un partido político, ni en una elección, ni al inscribirse en el padrón militante de un color; sino que se manifiesta en la participación directa en tareas y actividades centradas en intereses concretos que se alinean con sus contextos de experiencia.

Ejemplo de esto se evidencia en la formación de:

- Grupos de difusión informativa y consciencia ambiental
- Grupos de defensa de los derechos humanos, infancia y juventud
- Colectivos feministas de protección y orientación para mujeres
- Grupos de difusión de información y oportunidades académicas y laborales
- Asociaciones y alianzas para la capacitación y participación política juvenil, por mencionar algunos

Al conformar este tipo de agrupaciones, la participación política juvenil no está limitada a ondear banderas y repetir discursos de un partido político y puede, desde la participación solidaria y específica, sumar a las causas de su interés y promover el cambio que quieren ver.

Analicemos esto: ¿por qué lo hacen de manera individual, colectiva, autónoma, y no acuden a las instituciones destinadas a estos fines? No hay una respuesta única. Resaltan razones como las siguientes:

1. Menos institucionalización y burocracia, ya que no necesitan esperar citas para que se atienda su caso ni firmar acuerdos con una institución sumamente burocrática con índices de efectividad muy bajos.

2. Participan únicamente en lo que les interesa. Muchos de los trabajos realizados por instituciones gubernamentales atienden a más de un interés y, lamentablemente en México, gran parte de las personas que buscan ayuda terminan siendo "invitadas" a eventos políticos que respaldan la postura del gobierno que les otorgó el apoyo, casi como si tuvieran que pagar con trabajo lo que ya se les brindó por sus impuestos. La participación en asociaciones es directa y enfocada en sus intereses, sin compromisos con ninguna institución o político.

3. Mejora específicamente las condiciones de su tema de interés, no la imagen pública de una institución o partido. La actuación de un partido político o una institución gubernamental siempre

tendrá en cuenta consideraciones políticas, como su imagen pública y el "costo político" de cualquier acción. Nunca, por muy noble que sea la causa, actuarán en contra del beneficio propio del partido. Por lo tanto, a los jóvenes que dedican su tiempo al trabajo social en una asociación o colectivo juvenil se les ofrece una alternativa donde se beneficia al público objetivo y a quienes participan, no a los que dirigen, no al gobierno, ni a ninguna institución o partido político.

4. Se trata de acciones, no de palabras. Mientras un gobierno municipal puede equivocadamente centrar sus esfuerzos en organizar un "Premio a la Juventud" para justificar que está atendiendo sus necesidades, este tipo de reconocimiento no es suficiente. Los medios de comunicación pueden cumplir esa función y otras asociaciones también pueden ofrecer reconocimientos; no obstante, lo que realmente necesitan los jóvenes es que se les facilite su labor emprendedora, que se potencien sus talentos a través de nuevas plataformas y, sobre todo, que se beneficien directamente de estas acciones. Por ejemplo, un club de box se beneficiaría más de caretas de seguridad para todo su equipo que de medallas para uno o dos de sus miembros.

5. No exige un compromiso con una ideología con la que no concuerdan del todo. Participar de una

organización no gubernamental o apartidista elimina la necesidad de adoptar una ideología política con la que la juventud no se identifica plenamente. Ya sea por creencias arraigadas o la defensa de propuestas que van en contra del progreso o los derechos humanos, los jóvenes preferirán siempre no tener que alinearse con una bandera de un color que no representa por completo o en su esencia lo que piensan, ni con una ideología que no se sienten responsables de defender.

6. No los etiqueta públicamente ni cargan el peso ajeno de un partido. Porque elegir un bando en este ámbito también puede significar llevar a cuestas sus errores o reservarse el derecho de señalarlos, así como defender sus aciertos. En la necesidad de pertenecer primero para luego acceder a un rol en la toma de decisiones, agradar a un líder político o "hacer equipo" con un "padrino", los jóvenes se ven obligados a defender posturas, personas y acciones aun cuando estas puedan ir en contra de lo que piensan o defienden como individuos. Al elegir un color son considerados parte de eso "muy malo o muy bueno" (según la perspectiva) para la política mexicana. Cuando los jóvenes evitan un partido político o una institución de gobierno, evitan un compromiso que no quieren sostener por el costo social

que representaría. A mi parecer, resulta valiente asumir el compromiso.

7. Son distintas y hasta opuestas a las del Estado. Algo de lo que poco se habla cuando se analiza a las asociaciones y grupos colectivos de jóvenes es que, en la libertad de no seguir a líderes políticos o instituciones de gobierno, se cuenta con la libertad de hablar, defender y principalmente oponerse al manejo de la política por parte del Estado. Las marchas de protesta, como las que buscan visibilizar la desaparición de mujeres y niñas o las que abogan por la despenalización del aborto, reflejan la profunda inconformidad de la sociedad con el manejo de crisis como estas. Las asociaciones tienen la libertad de expresar su posición sobre estos temas, independientemente de las posturas de los partidos políticos o del Estado. Mientras que, en algunos casos, la participación de miembros de un partido político en marchas opuestas a su postura puede generar conflictos y llevar a la expulsión del individuo, en las agrupaciones juveniles, caracterizadas por su diversidad de pensamiento, se respeta la libertad individual y se valoran las diversas perspectivas, enriqueciendo así la discusión en torno a múltiples temas.

Ahora bien, hablemos de la asociación de grupos con el Estado. Podemos observar que en México existen muchos más medios de participación política juvenil extraoficiales que propios del gobierno. Esto es gracias a la gran labor de asociaciones, alianzas y redes independientes de jóvenes a lo largo del país que dedican esfuerzos diariamente a mantener contacto entre las agrupaciones civiles y el gobierno. Así pues, crean y fortalecen vínculos para ofrecer espacios de diálogo, medios de participación, formas de propuesta y ejecución de acciones por y para la juventud.

Estas agrupaciones ofrecen una refrescante forma de acercar a los jóvenes de manera apartidista a la toma de decisiones, a través de su colaboración y su relación con el Estado. No fortalecen a un partido político, sino al individuo que participa, así como al sistema que busca reformar. Esto se logra al llevar directamente la voz de los jóvenes a espacios de escucha del Estado, como los parlamentos juveniles y mesas de trabajo. A su vez, representa la forma más libre de participación directa para los jóvenes.

Los partidos políticos y el gobierno están estrechamente vinculados, aunque oficialmente puedan pretender lo contrario. Los miembros de las instituciones gubernamentales a menudo se alinean con las políticas de su partido después de que las elecciones les otorgan el poder. Las acciones de un gobierno recaen tanto directa como indirectamente en su partido político, y viceversa. Esta conexión representa una barrera significativa para la participación de los jóvenes en la toma de decisiones, pues parece que no pueden tener influencia sin el respaldo de un partido. Aunque muchos jóvenes no tienen interés en involucrarse o sumarse a un bando, con frecuencia se ven obligados a hacerlo para que se escuche su voz. Desafortunadamente, cuando los funcionarios electos no pueden separar sus funciones partidistas de sus responsabilidades como servidores públicos, su trabajo queda sujeto al visto bueno de su partido en lugar de la aprobación de la gente a la que representan legalmente.

¿Hasta qué punto las acciones de colectivos y asociaciones han generado un cambio significativo en las políticas y la atención hacia la juventud? Al operar de forma independiente al gobierno y adherirse a los principios de una asociación civil, los datos sobre su efectividad no son públicos y sus indicadores de éxito, aunque no confidenciales, no están ampliamente disponibles. Además, no todas sus acciones tienen un indicador para medir su efectividad, ya que su enfoque se centra en actividades a corto plazo y resultados inmediatos en lugar de mantener registros exhaustivos o asegurar la continuidad de sus proyectos. Sin embargo, no podemos pasar por alto que parte del éxito de estas organizaciones radica en cómo influyen en la percepción de las juventudes.

Al exponer los límites de la política y la función pública tanto para sus miembros como para el público en general, estas organizaciones han logrado lo siguiente:

a) Impulsan un enfoque proactivo al buscar a los jóvenes en lugar de esperar que ellos acudan por su cuenta. Las asociaciones y colectivos fomentan la participación juvenil a través de diversos medios, ofreciendo un espacio abierto, sin burocracia y con libertad creativa para integrar a todos los interesados.

b) Brindan una atención que suele caracterizarse por su empatía y profesionalismo. A diferencia de muchas instituciones gubernamentales, donde el personal puede carecer de preparación especializada o verdadera vocación de servicio, en las asociaciones la probabilidad de recibir un trato respetuoso y digno es mayor.

c) La participación y protesta juvenil han tenido un impacto significativo en la formulación de políticas públicas y reformas legislativas. Un ejemplo destacado es la aprobación de la Ley Olimpia, surgida de la protesta de Olimpia Coral Melo contra la violación de su derecho a la intimidad sexual. Esta ley ahora protege los derechos al respecto de mujeres y hombres en México, demostrando el poder transformador de la participación de los jóvenes en el ámbito legislativo.

d) Los equipos, asociaciones y colectivos están potenciando el uso de espacios públicos como centros de participación juvenil, abarcando desde actividades deportivas y culturales hasta la protesta y la congregación. Este activismo contribuye a revitalizar los espacios públicos, convirtiéndolos en lugares dinámicos que fomentan el bienestar y la interacción social de la comunidad.

e) Suplen funciones o acciones que el Estado no logra cubrir. Ya sea por cuestiones económicas, infraestructurales, entre otras, las instituciones no siempre son capaces de atender y resolver las necesidades de toda la población. Por ejemplo, muchos de los colectivos feministas que fomentan el respeto a los derechos humanos básicos de las mujeres y las niñas cuentan con la colaboración de profesionales en temas de salud y de derechos para la atención a víctimas de violencia de género. En la mayoría de los casos, estas especialistas brindan sus conocimientos y ayudan de forma altruista al pertenecer a redes de apoyo como EQUIS Justicia para las Mujeres, Sorece A. C. y Círculo Feminista de Análisis Jurídico, entre muchos otros.

f) Establecen asociaciones entre grupos y con el Estado. Sobre todo, tratándose de colectivos feministas, las posibilidades de éxito en sus intereses por reformar la ley, atender casos de desaparición o que se amplíen las acciones de Estado para atender la violencia de género aumentan cada que hacen alianzas entre las mismas agrupaciones para lograr mayor alcance en sus propuestas y acciones. Quizá la voz de una joven pueda ser apagada por la maquinaria política, pero la voz de miles no puede silenciarse.

g) Tienen mejores lecturas y mejores resultados. Así como hay grupos juveniles dedicados al deporte o la cultura, la justicia o la ciencia, hay algunos que, como la asociación FUNED, suplen un área gris del Estado, y han sabido ofrecer más y mejores alternativas para los jóvenes en búsqueda de su primer empleo. Esta asociación capacita a los que egresan del nivel medio superior y superior para enfrentar su primer encuentro con el mundo laboral. A través de talleres de diseño curricular, presentaciones profesionales, encuentros con empresas y otras varias actividades, abre la puerta al mundo profesional de una forma amigable. Lo verdaderamente destacable es que la dirigen mayormente jóvenes que están en contacto empático con sus grupos objetivo.

Sabiendo esto, ¿los jóvenes participan en la política o no? Sí, aunque no necesariamente de manera tradicional, partidista o institucionalizada. Entonces, si los jóvenes sí participan y están interesados en las actividades y cambios que sus comunidades necesitan desde sus perspectivas individuales, ¿por qué siguen teniendo tan poca participación en los cargos públicos? La respuesta radica en la misma dinámica que se describió sobre cómo actúan los partidos políticos, lo cual desanima a los jóvenes a comprometerse con una ideología rígida que no los representa del todo. Los jóvenes enfatizan esta falta al mostrar a los partidos que no pueden contar con su compromiso incondicional.

No deja de parecer normal que las juventudes siempre adopten un papel protestante y antagonista respecto a la política, dado que esta prioriza una agenda partidista en lugar de una orientada hacia los jóvenes o con una visión de futuro a largo plazo. Da la impresión de que la agenda pública permanece estática, a pesar de que las generaciones y las necesidades sociales evolucionan.

Por ejemplo, en la actualidad, gracias al análisis de la Cámara de diputados[13], sabemos que desde la LX hasta la LXV legislatura, los jóvenes ocuparon apenas el 6.1% de los curules en la Cámara de Diputados. Esta tendencia indica que, para los partidos políticos, los jóvenes solo somos un apoyo de campaña y no lo suficientemente importantes como para ocupar un cargo público. Por esta razón, fue necesario imponer Cuotas Electorales a los partidos para que los jóvenes accedan al poder legislativo y puedan tener voz y voto en las decisiones legales del país.

Durante el primer semestre del 2023, la Cámara de Senadores aprobó reformas a los artículos 55 y 91 de la Constitución Política, reduciendo la edad mínima para ocupar las diputaciones de 21 a 18 años y la edad mínima

---

[13] Cámara de diputados. "Cuotas electorales para que los jóvenes accedan al poder legislativo en México y en diversos países del mundo". P. 28.

para ocupar la Secretaría del Estado de 30 a 25 años.[14] Aunque este cambio busca ampliar el acceso de los jóvenes a la esfera pública, su impacto aún está por verse. Este avance legal es sólo el primer paso; ahora, los jóvenes deben enfrentar barreras como los registros independientes, que requieren un costo significativo en tiempo, dinero y esfuerzo. Además, esta reforma brinda una oportunidad para que los partidos políticos reestructuren su enfoque con la juventud en el centro. Colaborar podría generar mejores resultados para ambas partes, ya que los partidos tienen los recursos para apoyar a los jóvenes, siempre y cuando los traten como iguales.

En resumen, la mayoría de los jóvenes no tienen un interés directo en la política institucional o en los partidos políticos. Su preocupación radica en cómo se resolverán los problemas y en obtener resultados positivos, más que en quién ocupa el poder o a qué partido pertenece. La participación en decisiones públicas no es una prioridad para la mayor parte de la población joven; prefieren que el gobierno y las instituciones cumplan con su responsabilidad. La razón por la que la gente vota por un representante es porque confía en que cumplirá con su deber y espera resultados concretos de su gestión. Así como es un error asumir que los jóvenes son flojos por no independizarse antes de los 25 años, también lo es pensar que no se interesan en la política por apatía.

---

[14] Lilián Hernández Osorio. "Publica el DOF acuerdo que reduce edad para ser diputado o secretario". *La Jornada*. 07/06/23.

CAPÍTULO 3

Jóvenes + Educación + Trabajo = Una ecuación complicada

Cuando hablamos de los jóvenes, no podemos ignorar dos de las grandes esferas dentro de las que se mueven: la escuela y el trabajo. La primera porque es el lugar en el que, con esfuerzo y dedicación, se formarán para llegar a la segunda. Sin embargo, las escuelas son más que un lugar de formación y los trabajos más que un medio para ganar ingresos: son ambientes de socialización, de experimentación y de acción. Es por esto que los gobiernos deben poner atención especial a lo que ocurre en estos espacios, así como a la manera en que afectan la vida de los jóvenes, qué ventajas, pero aún más qué retos presentan para ellos.

La educación y el trabajo, como todo y como todos, han experimentado grandes cambios en los últimos años. Ello ha sido gracias a los avances tecnológicos, a la globalización y a los cambios de pensamiento que todo eso nos ha traído. Las exigencias del presente no son las mismas que hace 20 años. ¿Pero qué ha cambiado?, ¿cuáles son las nuevas dificultades que los jóvenes atravesamos cada día?, ¿hay necesidades que no hayamos visto y necesitemos atender? Para eso es este capítulo.

Un presente vertiginoso

El sociólogo Zygmunt Bauman explica en sus obras el concepto de modernidad líquida como el "estado fluido y volátil de la actual sociedad". Dicho estado se caracteriza por la ausencia de valores sólidos y que, sumado a la incertidumbre por la rapidez de los cambios, ha dado como resultado el debilitamiento de los vínculos humanos.

La modernidad nos ofrece miles de opciones para todo: restaurantes, contenido digital, escuelas, vestimenta, medios de transporte. Nada tan sencillo como deslizar un dedo en la pantalla y encontrar lo que buscas. Puede ser una gran solución para el día a día, sin embargo, a nivel personal, esta forma de pensar nos lleva a minimizar al otro: vemos a las personas como un producto y eso las vuelve desechables, las vemos como si fueran solo una opción dentro del mercado. Hemos transportado ese pensamiento, consciente o inconscientemente, hacia todo lo que más importa y nos hace humanos: a las personas que nos rodean, nuestras comunidades, valores e ideas.

Cuando hablamos de vínculos humanos, no nos referimos sólo a las relaciones entre una persona y otra; también responde al modo en que nos comprometemos o no con un movimiento social, una ideología o un partido político. Sin embargo, es claro que no basta con decir: hoy en día no tenemos un fuerte compromiso político gracias a las nuevas prácticas consumistas: también es, en buena medida y quizá de forma mayoritaria, resultado del ejercicio irresponsable por parte de los representantes públicos, de varios años de polarización social, de la desigualdad de oportunidades, barreras de acceso a los medios públicos, de comunicación fallida. Todo en conjunto ha conseguido (y con justas razones) una mala fama para la arena de lo público.

Según los datos de la Subdirección de Análisis Económico de la Cámara de diputados, la cobertura de jóvenes que tienen acceso a la educación superior es apenas el 30.80%. Es decir que, por cada 100 alumnos con edad para cursar la universidad, casi el 70 de ellos no lo hizo.[15] Este hecho me resulta digno de analizarse, si tenemos en cuenta que la juventud actual tiene las

---

[15] Cámara de diputados, "Cuotas electorales para que los jóvenes accedan al poder legislativo en México y en diversos países del mundo".

mejores condiciones en varios aspectos que generaciones anteriores: me refiero al acceso a la información, la posibilidad de exposición pública, los avances que han vivido en materia de derechos, entre muchos otros.

¿Recuerdas los datos sobre la educación y el ingreso económico que revisamos unas páginas atrás? Esto pone a la juventud en una situación incómoda: pienso que es de ahí que se les tilde de "flojos", porque muchos ven que "ahora lo tienen todo a la mano". Lo que muchos ignoran es que tener acceso a información y un celular en la mano no es motivo suficiente para que las condiciones de vida mejoren: aporta, sí, pero no significa que tener más títulos signifiquen siempre una mejor calidad de vida o mayor ingreso económico. Ni siquiera es suficiente para que se traduzca en oportunidades de aprendizaje, si tomamos en cuenta que, la mayor parte del contenido que hay en la red es entretenimiento; que no es malo, pero tampoco es garantía. Y esto sin contar que tampoco toda la información viene de fuentes confiables.

A esto podemos sumar el contexto actual de movilidad social en el país, mismo que mencioné en el primer capítulo y que vuelvo a subrayar: el INEGI afirma en el Censo de Población y Vivienda 2020 que en México habitaban poco más de 126 millones de personas, de las cuales, 31 millones eran jóvenes de entre 15 y 29 años. Es decir, el 25% de la población total del país. En ese mismo año, se registraron 1 millón 160 mil de jóvenes desempleados (mayores de 15 años, económicamente activos) en nuestro país, lo que representó el 50.12% de la población desempleada total.[16] Aunque para el 2021, este porcentaje disminuyó al 46.43%.[17] Según la Encuesta Nacional de Ocupación y Empleo, esta variación no es suficiente para afirmar una nueva tendencia de mejora. Hay que poner atención a cómo el 25% de la población representa el 50% de los desempleados del país.[18]

Eso no es todo, espera a leer lo siguiente: Campos-Vázquez, López-Calva y Lusting exponen al desnudo que, contrario a lo que muchos piensan, que "un país es pobre porque hace falta educación", los datos muestran que esto es mentira. Encontraron que hoy, un profesionista gana en promedio 24% menos que hace 15 años. Subrayan que cada año, un título universitario vale 1.8% menos.[19]

Esto presenta varios desafíos para la atención de nuestra educación, veamos: de entrada, me parece que la juventud ha "brincado la vara" de necesitar un título. Considerando los datos anteriores, la sociedad está mostrando una tendencia hacia desarrollar las famosas *soft skills*, es decir, aquellas habilidades que sirven para interactuar mejor con la gente y el aprovechamiento de la tecnología: la mediación de conflictos, el trabajo en equipo, el conocimiento de otros idiomas, el uso

---

[16]   Cámara de diputados. "Cuotas electorales para que los jóvenes accedan al poder legislativo en México y en diversos países del mundo ". P. 8.

[17]   *Idem.*

[18]   *Idem.*

[19]   Campos-Vázquez, Luis F. López-Calva y Nora Lusting. "Reducción de los salarios de los trabajadores con educación universitaria en México: ¿Son los más jóvenes o los más viejos los más perjudicados?".

de tecnologías, la inversión directa y, una que ha tomado fuerza en el último año, el uso de la IA (Inteligencia Artificial), por mencionar algunos. Cada una tiene sus límites de acceso: no todas las personas tenemos el mismo alcance económico o las herramientas para practicar y desarrollar nuevas habilidades, otros no poseen el tiempo para dedicarse a ello, a algunos se les facilita aprender otras lenguas y habrá quien no tenga interés en nada de esto. Tampoco podemos olvidar que hay gente para quien socializar implica un reto mayor por asuntos que ellos no controlan, como neurodivergencias y otras situaciones médicas.

Cada uno de estos apéndices del nuevo desarrollo profesional, no sólo puede abrirles sus puertas a los jóvenes, también puede cerrárselas por causas que no tienen relación con su nivel de esfuerzo. El éxito de muchos dependerá de qué tan accesibles sean los espacios para adquirir estos nuevos saberes o de sus habilidades para adaptarse a las nuevas necesidades de un mercado laboral y económico con una competencia cada vez más voraz.

¿Pero qué pasa con aquellos que siguen depositando su confianza en un título universitario o con los que no pueden pagar clases de idiomas o quienes no tienen una guía en estos asuntos? Por ello, es indispensable asegurarnos de que la oferta escolar también cubra estas herramientas y capacidades o seguirán siendo muchos los que se queden atrás y vivan en condiciones indignas.

¿Cómo nos aseguramos de ello si la educación no es único factor en esta problemática? ¿Cómo cuidar cada elemento en la ecuación?

Un problema irresoluble

Me gustaría compartir un ejemplo que, a mi parecer, puede ilustrar mejor lo expuesto hasta ahora en este capítulo. Es un caso ficticio que toma muchos elementos de la realidad, de historias que conozco de primera mano.

Ernesto es el hijo mayor de una familia de 4 integrantes. Él y su padre trabajan como obreros en una fábrica de velas. A duras penas cubren los gastos familiares con el ingreso que reciben. Su madre cuida de la más pequeña de la casa, una niña de 3 años, lo que le deja poco tiempo para poder cumplir con las tareas del hogar. Viven en una colonia que se encuentra a media altura en un cerro, en Texcoco, Estado de México. Cerca de ellos sólo tienen una escuela, un bachillerato tecnológico, al cual, Ernesto acude cuando puede. Ahí cursa sus materias de último año y la carrera técnica en contabilidad. Su sueño es ser programador.

La fábrica de velas donde trabaja tiene un horario que va rotando y cuando, por suerte, le toca descansar de día, se pone un tanto al corriente con sus clases, aunque con sueño. Las maestras, que saben que Ernesto ha tenido problemas con el consumo de drogas, le facilitan cumplir con sus tareas de forma extemporánea porque saben que necesita más oportunidades y no puertas cerradas.

Un día, su hermana de 3 años enferma de gravedad por una infección en los pulmones. Ernesto y su padre piden un turno extra para poder cubrir los gastos médicos. El trabajo es informal y no tienen un seguro médico con el cual atender a su hermana y, por lo mismo, se han acostumbrado a pagar los medicamentos sacando de sus pocos ahorros. Además, su padre necesita de un tratamiento continuo para los huesos débiles. Días después, la pequeña se recupera en casa, pero coincide con el día de su examen final. Ernesto no pudo presentarse, pues acaba de pasar 16 horas en la fábrica. No se gradúa del bachillerato y ya enrolado en su trabajo, decide continuar llevando dinero a casa.

La cuestión que yo veo aquí es que una situación nunca es independiente de otra. Las intenciones no bastan, uno siempre depende de los medios que tiene a la mano, aunque no por ello deja de ser necesario que uno ponga de su parte, interés y proactividad en lograr todo aquello que le interesa. Sin embargo, ignorar que es nuestro entorno el que mayormente nos determina, puede ser reduccionista y crear puntos ciegos.

¿Qué deberíamos priorizar en un caso así? ¿El tratamiento del padre? ¿Los medicamentos de la hermana? ¿La escuela? ¿El trabajo? Piénsalo un momento antes de seguir leyendo.

Si hiciste el ejercicio, te invito a que lo propongas a un familiar o conocido. Si sus respuestas varían, pregúntales sus razones. Te sorprenderá ver a qué le dan mayor prioridad: ¿al dinero, a la familia o a la escuela? No olvides que no hay respuestas correctas ni incorrectas: dependerá de nuestras experiencias y, sobre todo, de nuestras posibilidades.

En el caso de Ernesto, su sueño de ser programador se quedó en eso. Su caso es el mismo que el de muchos otros jóvenes, chicas y chicos que tenían un objetivo, pero a quienes la necesidad los llevó a abandonar sus esfuerzos. En el escenario anterior, aunque hubo interés por aprender de tecnología y programación, los gastos del hogar relegaban el deseo de continuar con los estudios al último lugar entre sus prioridades. ¿Cómo podríamos culparlo de no saber usar una computadora? ¿Crees que, en su situación, pondrías entre tus gastos un curso de programación? ¿En qué computadora practicarías? ¿En qué hora de tu día lo harías? ¿Antes o después de tu turno en la fábrica?

Sin embargo, todos los jóvenes quienes viven situaciones parecidas a la de Ernesto, los que viven una todavía menos favorable y los que viven con menos preocupaciones, compiten por obtener mejores condiciones laborales, sociales y económicas bajo un contexto común: el México actual. Eso sí, no con los mismos medios, privilegios ni con las mismas capacidades. Esta competencia imperfecta provoca que algunos logren sus objetivos y muchos otros no. Lo mismo sucede con sus posibilidades de acceder a las nuevas tecnologías y mantenerse actualizados en un sistema laboral que exige cada vez más y mejores competencias, aunque ni las condiciones laborales ni el sueldo mejoren.

Si como a mí, estos datos te indignan, entendiste el mensaje. ¿Cuántos de los políticos que conoces crees que trabajan para arreglar esta situación?

Para el gobierno y las instituciones fuera de él, la perspectiva no es muy diferente: estas problemáticas deben fungir como motivo de trabajo y cualquier político o gobierno que ignore esta realidad, incumple con su compromiso de trabajar para la sociedad. Por ende, cualquier político o gobernante que menciona en sus discursos que los jóvenes son su prioridad, pero que ignore estos datos es, por decir lo menos, deslavazado.

¿Soluciones?

Los desafíos que esto presenta para los gobiernos son especialmente interesantes porque no se solucionan con acciones de un solo tipo como, digamos, mejorar la educación. Si bien es necesario aumentar el acceso a la educación de los niños y jóvenes, pensar que con más clases o más libros las cosas van a solucionarse implica una visión poco profunda del problema. El aprendizaje en el aula depende de poder desprenderse de las preocupaciones en el hogar, de si hay luz, si hay comida nutritiva 3 veces al día, si el transporte es asequible, si llegaré sano a mi casa, si hay tiempo para dedicar a las tareas y un sinfín de elementos que influyen en el desempeño estudiantil.

Solucionar el rezago laboral y económico en el país ofreciendo sólo más escuelas, no sería una solución definitiva; únicamente es una parte de lo que habría que transformar. Por ejemplo, pensemos en el transporte para llegar a las escuelas y trabajos. Si para llegar al colegio hay que recorrer diario un camino de media hora andando, una hora en autobús y media hora en metro, las probabilidades de abandono escolar aumentan. Ya no son sólo las horas que hay que dedicar a las clases y tareas, sino que hay que sumarle 4 que hay que dedicar a los trayectos. Tiempo que empeora cuando las condiciones en que se atraviesa son inhumanas: calles inseguras y en pésimo estado, transporte público desregulado, un metro que funciona a marchas forzadas y con cantidades inmanejables de personas apuradas que también buscan llegar a su trabajo. A todo esto, hay que aumentarle una lastimosa dosis extra de inseguridad si se es mujer joven. Las probabilidades de sufrir acoso, hostigamiento o hasta un secuestro en el camino no son tan bajas. De acuerdo con cifras del INEGI, en 2021, a nivel nacional, del total de mujeres de 15 años en adelante, más del 70,1% ha sido víctima de al menos un incidente de violencia de cualquier tipo.[20] Y tristemente, según la misma institución, es una cifra que, con respecto al 2016, ha aumentado 4 puntos.

El bajo acceso a la educación, las malas condiciones del transporte público, de las calles, la inseguridad… todo está relacionado y no podemos pensar que la solución de una sola de estas vertientes pondrá fin al asunto. La complejidad de estas cuestiones requiere de un amplio conocimiento de causas y, por ende, de una forma de atenderlos que sea compleja y transversal.

Además, hay otro actor del que no hemos hablado con el mismo nivel de relevancia en estas cuestiones: las empresas. No hay un sólo aspecto que no influya en las condiciones que componen nuestra realidad que no esté relacionado con el trabajo que realizan estos organismos: ya sean sus beneficios, impactos, desventajas o acciones, todo lo que hacen nos afecta como sociedad. Desde las empresas que consumen una ingente cantidad de agua para la producción de sus desechables, como plásticos y ropa, hasta aquellas dedicadas a la transformación de basura en energía eléctrica, todas poseen cierto poder en la actualidad. Específicamente en lo relacionado a la juventud, algunas incluyen a esta parte de la población en sus negocios, otras se esfuerzan para lograr ofrecerles mejores productos porque les reconoce como clientes y otras funcionan sólo gracias a **los recién egresados,**

---

[20] Francisco Montaño. "En México, 70,1% de las mujeres de 15 años y más ha experimentado alguna situación de violencia".

a quienes ofrecen estatus de becarios sin sueldo fijo ni prestaciones, aprovechándose deshonestamente de su tiempo y capacidades.

No creo que las empresas sean el enemigo. Muchas de ellas son de las que más contratan jóvenes en algunos estados. No obstante, es por aquellas que no colaboran en la propuesta de una nueva y mejorada realidad para ellos, que tenemos que estudiarlas con especial atención.

Para algunas organizaciones privadas, los índices de rotación reflejan, por encima de una atención pésima a sus elementos salientes, una oportunidad para contratar de forma temporal y seguir ofreciendo el mínimo que por ley deben ofrecer. Esta rotación no debería ponernos en juicio por no quedarnos en esos puestos, sino a las organizaciones que abandonan por la falta de crecimiento, seguridad, flexibilidad o remuneración justa. Las soluciones, como las causas, también son transversales. Se requiere que los jóvenes cambiemos nuestro pensamiento victimista y lo transformemos en mejores usos de nuestro tiempo, que hablemos más de las injusticias y de los talentos, reformar nuestro entendimiento del trabajo, así como muchísimo valor y autocrítica.

Los gobiernos deben evolucionar su sistema desde dentro, cambiar las formas en que operan y ser menos torpes en su actuar. El Estado debe ser un facilitador, no un intermediario burócrata. Las empresas deben repensarse, concebirse como agentes de cambio y como entes de transformación social y económica, en ese orden. El común denominador en estos grupos es que se componen de personas, no son edificios ni palacios de gobierno, son personas que pueden y deben colaborar para todas y todos. La acción colectiva de todos los actores conduce a mejores realidades. Así, colaborando, pensando en grupo, no en individuos, podremos construir algo mejor.

CAPÍTULO 4

¿Qué es hacer política? ¿Y qué tiene que ver con la pizza?

¿Te has preguntado por qué la política en el país parece siempre la misma? Unos meses antes de las contiendas electorales nos abarrotan de las caras de siempre con las promesas de siempre y en las noticias escuchamos las mismas vagas acusaciones de uno sobre otro. No deja de parecer, en el mejor de los casos, un salón de infantes sin supervisión adulta.

Esto nos lleva a preguntarnos, ¿qué deberíamos entender por política? y ¿cómo la distinguimos de la *politiquería*? Aunque la descripción varía en su uso respecto a su contexto, cediendo a una comprensión amplia de la palabra, más allá de la organización del Estado y el funcionamiento de sus partes y sus actores, desde una perspectiva atravesada por la moral y los principios éticos con los que se debería ejercer, **la política es un conjunto de acciones guiadas por valores que, en el ejercicio de lo público, operan estratégicamente para la construcción de bienestar social**. Por lo tanto, no sólo hacen política quienes gozan de una nómina en las instituciones; **hacen política, tal como apuntaría Séneca, aquellos que se encargan de lo suyo con responsabilidad y justicia, aquellos que observan el cumplimiento de las responsabilidades ajenas y quienes, desprendidos de lo material, trabajan por la gente y no por las cosas**.

Lo anterior suena muy alejado de lo que normalmente se conversa en la sobremesa sobre los colores y los representantes de los gobiernos que, por compras estrafalarias o por el último vituperio que se escupió, se vuelven noticia. La politiquería no busca los fines nobles, busca servirse de los medios y de la ignorancia para obtener poder. La política se asume parte de un pueblo y no como el amo de los individuos, se reconoce como un igual y trabaja para el cuidado de las personas.

Así, teniendo esto en claro, nos es fácil diferenciar un libro de política de una biografía escrita como tarea para el bachillerato; diferenciar a un político que persigue un proyecto de transformación social de un hombrecillo que corre tras las luces de las cámaras. La diferencia esencial está en que la política pondera al que trabaja por su comunidad por encima de aquél que se sirve de ella.

Donde menos lo esperas: ahí está la política

Cuando se habla de conciencia climática, la conversación tiende a centrarse en las acciones individuales: recicla, no uses popotes, rellena botellas, no tires basura en la calle. Por nobles que sean estas acciones, jamás serán de tanto o más impacto que regular de forma consciente el uso de los recursos no renovables por parte de las empresas.

Por ejemplo, GreenPeace, en un estudio sobre el embalaje, encontró que, de un conjunto de 238 jornadas de limpieza organizadas en 42 países, el 75% "informaron haber encontrado productos de la marca Coca-Cola en sus costas, riberas, parques y calles" 21.

¿Tú qué piensas al respecto? Yo veo dos perspectivas posibles para este caso:

1. La empresa vende y no es su responsabilidad lo que suceda con la basura que sus productos generan.
2. Las empresas de bienes de consumo tienen la oportunidad y la obligación de detener esta crisis desde su origen.

Desde mi punto de vista, la razón capitalista de la empresa, que tiene por único objetivo generar ganancia, no es competente con el presente, ni con el futuro

---

[21] GreenPeace. *En busca de los corporativos que más contaminan el mundo con plástico.* P. 2

económico-social del país, ni del mundo. La producción indiscriminada de materiales refinados no biodegradables es materia que a todos debería preocupar porque a todos nos afecta de un modo u otro. Las empresas no pueden seguir produciendo como si los recursos fueran infinitos ni los desechos no representaran un peligro.

—Oye, pero entonces ¿no es culpa de los que tiran basura en la calle?

En parte, claro. Pero sólo eso, en parte. La cantidad de recursos no renovables que se emplean en la producción de plásticos de un solo uso es incalculable. No hay producto que valga un desabasto de agua ni contaminación del tamaño que estas empresas generan. En el seminario "Microplásticos: desafíos de salud y ambiente", se ha puesto en el centro de la discusión el riesgo latente y en aumento que representa la presencia de estas partículas, menores a los 5mm, en la cadena alimenticia, los ríos, el agua dulce y el agua potable.[22]

—Entonces, ¿qué hacemos?, ¿la solución es no tomar Coca-cola?

Quizá no podamos hacer eso, nuestra familia, amigos, la sociedad en general la seguirá consumiendo. A eso podemos sumar que quizá haya quien ni siquiera quiera dejar el hábito. Una acción distinta puede ser exigir envases retornables y no comprar si no los hay. Es una forma de orillar a las empresas que dejen de generar basura.

---

[22] Organización Panamericana de la Salud y Organización de la Salud. "Seminario virtual: Microplásticos: desafíos de salud y ambiente".

—¿Eso no sería contradictorio: comprar y al mismo tiempo pedir que dejen de hacer basura?

Si bien, lo ideal sería que simplemente dejáramos de consumir los desechables, en muchas ocasiones, por el entorno y las posibilidades, no siempre podemos negarnos. Lo verdaderamente contradictorio es que las grandes empresas nos pidan reciclar un pet de 600 mililitros, mientras ellas se gastan cientos de litros de agua para producirlo. El escenario que propongo no es imposible de imaginar. Un ejemplo de cómo se pueden hacer las cosas de forma distinta son algunas marcas de bebidas alcohólicas que utilizan envases retornables; su modelo se sostiene.

—¿Pero esto qué tiene que ver con los políticos?

Esto también es política: exigir la sustentabilidad de un producto, tal como exiges que un standupero deje de hacer chistes homofóbicos y machistas, es hacer política. Exigir que cambie el estatus actual de las cosas, por un bien mayor, buscar que haya mejores condiciones sociales, desnormalizar actitudes o actividades que contravienen los intereses de la sociedad también lo es.

Hablemos de una situación que ha crecido mucho en los últimos años. Para muchos de las generaciones más jóvenes es conocido que, en días de mucha carga laboral, la empresa invita la pizza para la comida. Ya sabes hacia dónde vamos: esas pizzas no son más que una forma de advertir horas extra que no van a pagar. Ante esta situación, muchas veces pensamos que no se puede hacer nada. Y se entiende, nos arriesgamos al despido y las posibilidades de encontrar otro trabajo que son igual o menos favorecedoras de lo que fue conseguir el puesto actual. También hay factores de otro tipo: estar acostumbrados a la rutina de dicho empleo, a nuestros compañeros y dinámicas, aunado a la necesidad por ganar dinero o que, casi por regla, priorizamos el pagar la renta. Ante todo esto, parece mejor opción no quejarse.

¿No están viviendo nuestras compañeras y compañeros de trabajo la misma inconformidad que nosotros? ¿Por qué no lo platicamos todos? ¿Alguien ha pensado en comentarlo con su superior? Organizarnos con nuestros compañeros, socializar nuestra inconformidad y exigir a través de sus medios que las cosas en el trabajo cambien es hacer política.

Denunciar públicamente a un acosador en redes sociales, exigir el despido de profesores que abusan de su posición, expresar inconformidad por las condiciones precarias de la calle en que vives, rechazar la foto al fraude político de tu colonia, protestar en contra del cambio climático, hacer cuadros e ilustraciones sobre las condiciones de la violencia en México, dejar de ir a un establecimiento comercial que discrimina por color de piel, alejarte de la religión que va en contra de tu orientación sexual, es hacer política.

Por supuesto, no debemos simplificar las razones y situaciones que antes mencioné. Sabemos cuán indignante es y cuán impotente nos sentimos contra los horarios, pagos o condiciones incumplidas. Por eso no hay que olvidar que hablarlo es el primer paso para el cambio: compartir nuestra inconformidad con los demás podría ser el primer paso para cambiar la pizza por el pago que nos toca por ley.

La política no es sólo salir a votar por un color. La política la hacemos cada que promovemos y exigimos que las cosas cambien por el bien de la sociedad.

Séneca pensaba, a propósito de la labor del gobierno, la función pública y la política, que uno participa desde el momento en que vive íntegramente, de manera propositiva en la sociedad. "Haciendo lo que a cada uno le toca", como decimos coloquialmente. **Exigir** a otros que cumplan con lo que les toca es también una loable forma de buscar hacer el bien a nuestra comunidad. Esta idea resume lo que exploramos previamente pues, lejos del gobierno, cada uno de nosotros está cerca de la política y no podemos dejar de formar parte de ella. El rechazo a la misma, paradójicamente, nos haría partícipes de ella, pero desde otra orilla. Luchar para que las condiciones mejoren, aún dentro de nuestra oficina, sirve y es de valor para la comunidad.

Veo en la juventud de hoy la mejor oportunidad para hacer esto. Somos una generación con suficiente acceso a la información y con medios al alcance para que la exigencia por la mejora de nuestras condiciones no quede en un trámite encarpetado. Tal es el caso de los jóvenes trabajadores de un cine en Oaxaca que, al exigir el pago completo de sus utilidades fueron despedidos. La empresa argumentó que ya se habían presentado utilidades. El grupo solicitó una auditoría externa y por la presión social ejercida desde redes hacia la compañía, el director de Recursos Humanos de la empresa informó que se habían encontrado 5 millones de pesos, cantidad que repartirían entre los colaboradores despedidos. La exigencia fue tan grande que el fallo fue a su favor. Este caso plantea una interrogante sobre el desempeño de las instituciones hacendarias del país.[23]

Entonces, ¿qué podemos hacer para exigir mejores condiciones de trabajo para todos? En condiciones de informalidad, debemos de exigir formalización, informarnos al respecto, proponer medios para lograrlo o informar a otros y, juntos, considerar nuevas alternativas para realizar nuestro trabajo en mejores condiciones. Hay que pensar no sólo en cómo puede apoyarnos la ley, también en cómo pueden cambiar los procesos internos en nuestros lugares de trabajo.

Al gobierno le debemos denunciar los casos de incumplimiento de nuestros derechos por las empresas que nos contratan, le debemos exigir menos burocracia y menos tramitología, mejores tiempos de respuesta, más eficiencia y mejor servicio al público. Todo esto y más es necesario para que las condiciones mejoren para quienes trabajan en situación de informalidad, pues es

---

[23] Badillo, "Cinemex despide a empleados de Oaxaca por exigir pagos de utilidades que les debían hace dos años".

una cadena de acciones y resultados. Si el gobierno hace lo que le toca, eficiente, puntual y óptimamente, nosotros como empleadores o empleados podemos hacer lo que nos toca, por ejemplo, formalizar nuestra empresa, si fuera el caso. Esta lógica aplica en ambos sentidos: uno puede cumplir con lo suyo y así obliga al otro a cumplir con lo propio.

Quizá pueda sonar como una forma muy laxa de tratar el tema, a conciencia de que no en todos los casos es posible ser tan frontal en la búsqueda de mejores condiciones. Dentro del contexto laboral en nuestro país, una buena parte de los empleos informales son llevados por personas que siguieron con el negocio familiar, aprendieron un oficio que les da un mejor ingreso o que quizá no encontraron una mejor oportunidad de llevar dinero a sus hogares. Sus principales objetivos no son luchar por mejores condiciones políticas y sociales, sino cumplir en su hogar. No es lo mismo pedirle a una ama de casa con un negocio pequeño que lo formalice que exigírselo a una empresa con mayor alcance. Por esto mismo es importante cumplir desde nuestras trincheras: los servidores públicos no sólo deben ocupar honestamente su cargo, además deben llegar a donde el sistema económico ignora los derechos laborales mínimos y buscar difundir mejores prácticas para lograr mayores índices de formalización del trabajo para quienes participan de él.

Fraude de la oferta política

Si compras una televisión que te promete una calidad 4k, los colores más intensos y el mejor sonido, esta vendrá acompañada de una garantía que, en caso de no cumplir con las características especificadas, es de ayuda para presentar un reclamo. En ese caso, la empresa te ofrecería un cambio por otro equipo o, bajo ciertos términos legales, aceptarían la devolución el equipo y te darían tu dinero. Creo que esta misma dinámica debería aplicar a quienes nos gobiernan o quieren hacerlo.

En época de campañas, se hacen las más altas promesas de prosperidad y resultados por parte de los candidatos. Con suerte, alguno gana la confianza de más de algún verdadero interesado en que las cosas cambien para su comunidad, pero cuando gana las elecciones y gobierna, esas promesas no se cumplen. A esto llamamos el *fraude de la oferta política*.

Cuando un grupo o individuo ofrece un servicio con alevosía de forma desmesurada y deshonesta, pero no lo cumple, comete fraude. Por ejemplo, un político que se presenta como el perfil capaz de resolver problemas de la gente y no cumple sus propuestas, comete *fraude*. Cuando entrega malos resultados y, lejos de ser un buen funcionario o presentar un proyecto firme y preciso, recurre al engaño con el único objetivo de alargar su estancia en un cargo de poder, comete *fraude*... En estos casos

¿a quién le reclamamos la garantía?, ¿a quién le devuelvo este político?

Hacen falta mecanismos legales que aseguren un medio para retirar del cargo al que no cumplió lo que prometió en campaña. Para ello hace falta más que la exigencia de mejores condiciones, hace falta también que, quienes tengan acceso a la información y el privilegio de dedicar tiempo a lo público, los hagamos conscientes de ello. Que sea no la búsqueda de un cargo o poder, sino la asunción de la encomienda de modificar, proponer y crear un mejor lugar para habitar dentro de nuestras comunidades para todas y todos.

En el país se aprobó la Ley Federal de Revocación de Mandato en el 2021. Sólo la ciudadanía puede solicitar al Instituto Nacional Electoral este ejercicio, para el cual deben existir firmas de al menos un 3% del padrón electoral, distribuidas en al menos 17 estados de la República. Este instituto sería el encargado de orquestar dicha organización de principio a fin. Durante este proceso, el gobierno no puede hacer promoción de sus resultados o del evento. Lo que me parece más relevante es que debe suscitarse por lo menos un 40% de participación, es decir, alrededor de 37 millones de votantes para que resulte *vinculante*.

Esta práctica, aunque es nueva para México, se realiza hace decenas de años en otros países donde su ciudadanía exige la evaluación intermedia de las labores de sus máximos representantes. Aunque esta opera sólo para la revocación de mandato a nivel federal, creo que merece la misma importancia a nivel estatal y municipal, pues son los de mayor cercanía a la ciudadanía.

Sustancialmente, los impactos de esta modalidad de fraude se concentran en los que ya conocemos: en los funcionarios públicos que se preocupan más por sus propias ganancias, los ediles y cuerpos colegiados entregados, aunque sea inconscientemente, a un sistema que les moldea a la imagen de un partido y **los ofrece como lo que no son** para encajar en un engranaje público para el que **no son aptos.** Sin embargo, como ciudadanos responsables, recordemos que somos nosotros quienes eligimos a los políticos que nos representan y, de igual manera, tenemos el poder y la obligación de quitar de ahí a quienes no cumplan con nuestras expectativas. Por ello, debemos poner especial atención, en todos los aspectos, a la política de nuestro país, a las acciones que se llevan a cabo por nuestro bienestar común, sin olvidar lo que no se está haciendo.

CAPÍTULO 5

Imaginar otras realidades

¿De qué platicas con tu familia?

Todos sabemos lo que es intentar hablar con nuestras familias, a la hora de la comida, sobre religión, fútbol o política. Seguramente, tú como yo, te has topado con una pared de comentarios machistas, homófobos, críticas a tu persona y has optado por dejarlo por la paz. A veces, es prudente hacer una pausa, entender que nuestras familias no tienen la misma apertura hacia ciertos temas; somos generaciones distintas. Ellos también tienen ideas que no concuerdan con nuestro modo de ver el mundo. Si bien, nadie espera que todas las conversaciones con nuestros familiares sean académicas o "serias", lo que sí deberíamos desear es la libertad de conversar sobre cualquier tema, ser escuchados con respeto y con un sentido crítico que vea necesario el cuestionar nuestras propias ideas para poder entender y mejorar. Todos podemos cambiar de opinión.

Creo que es por ello que todos debemos preguntarnos: ¿de qué platicamos con nuestra familia?, ¿es posible expresar tu opinión sin que te ataquen personalmente por el equipo de fútbol que apoyas?, ¿alguien en la mesa se enoja cuando mencionas a un partido político?, ¿te han callado si criticas algo que no te gusta? Todas tus respuestas importan. El tono de las charlas que tienes con tus familiares también importa, el cómo respondes cuando alguien habla sobre sus inquietudes, si hablas sobre otras personas, sobre tus ideas, sobre ti mismo o sobre el trabajo... todo importa.

Creo que ninguna cosa es independiente de otra. Como se dice comúnmente: **lo personal es político** y, por lo tanto, es relevante todo aquello que piensas y crees. Sin importar tu edad, tienes derecho a expresarte y ser escuchado. Parte fundamental de tu visión del mundo es resultado de lo que compartes a través de pláticas con otros.

Las siguientes preguntas resultan más relevantes de lo que nos imaginamos en un principio: ¿Hay libros en tu casa? ¿De qué pláticas con tu familia cuando conviven? ¿Alguien de tu familia estudió lo mismo que tú o eres el primero con la suerte de ir a la escuela? ¿Cada cuánto tienes problemas económicos que te impiden hacer planes?

Aún se me ocurren otro par de docenas de cosas que preguntarte, pero piensa en lo siguiente: si hay libros en tu casa, puede significar que en tu familia hay interés hacia la lectura o que, además de interés, hay tiempo, o que tu familia tuvo acceso a cierta educación y que, probablemente, hay dinero extra para comprar libros. Puede significar que, mientras más conocieron, más quisieron aprender o que, en tu entorno, se pueden sostener conversaciones de diferente índole con los integrantes de tu familia. Quizá algunos de esos libros son de poesía, ciencia, novelas, historia o un sinfín de temas. Muchas veces, cuando se tiene la oportunidad de explorar otros temas, es porque no existe la urgencia de cubrir otras necesidades, como la comida o la casa. Los libros, en buena medida, representan un privilegio.

Por otro lado, la falta de estos no refleja necesariamente ignorancia o analfabetismo. Digo esto porque creo que no debemos omitir que un hogar que puede ofrecer eso a sus integrantes, tiene más probabilidades de ampliar los horizontes de los mismos. Lo mismo sucede con las pláticas en las convivencias familiares: los intereses, preocupaciones y las historias de vida de cada uno se ven influenciadas por la información a la que se tiene acceso; incluidas las conversaciones, los grupos de trabajo y los círculos sociales en que se desenvuelve cada uno.

Suponiendo que tienes la fortuna de una familia con quien compartir alimentos, si la conversación se trata de un *show* de televisión, del último examen que reprobaste o del que aprobaste, de si alguien perdió el empleo o sobre si un político actuó contrario a lo que prometió, cada una de estas conversaciones tendrá un ánimo diferente y trascenderá en cada persona de una forma distinta. Para una madre de familia escuchar que su hija ha conseguido un trabajo seguro será motivo de alegría. Por otro lado, si la misma madre escucha que su hija perderá el empleo, la conversación tendrá otro tono y otras repercusiones en la mente y la realidad de cada uno. Lo mismo sucede si hablan sobre lo último que vieron en televisión. Si en familia disfrutan de un programa, los ánimos en el hogar estarán de fiesta. Si, por el contrario, en la televisión se escuchan las tristes noticias de todos los días, eso tendrá un efecto negativo.

Si, digamos, desde que eras pequeña o pequeño, tus padres contaron sobre la historia de tu país, la sobremesa seguro era interesante. Si en tu casa se hablaba de dinero con urgencia y de lo poco para lo que alcanzaba, probablemente tengas en tu memoria incómodas discusiones... Por ello importan las conversaciones que tenemos con la gente que nos rodea, a cualquier edad y en cualquier momento. Si tu tía regresa feliz de su viaje por el mundo contándote grandes historias, quizá desarrolles cierto interés por eso y un día esté entre tus metas el viajar por el mundo. Si lo normal en tu hogar es escuchar los problemas de tus padres, lo que menos va a importarte es viajar por otros países; sería impensable, hay cuentas por pagar.

Si eres la primera persona con la suerte de asistir a la escuela, probablemente, todos estén orgullosos de ti y también hayan hecho un gran esfuerzo para que puedas conocer más de lo que ellos pudieron. Si es el caso, tal vez cargas con las expectativas familiares y no siempre sientes comodidad con ello; pero sabes que acompañan tu camino con la esperanza de verte mejor de lo que se han visto a sí mismos. Caso que no dista mucho de cuando no eres el primero en estas condiciones: cuando alguien en tu ascendencia ya ha estudiado, también deseará lo mejor para ti, pero su conocimiento, dada su experiencia previa, en ocasiones, les imposibilita ver un logro en lo que alcanzas: no es un camino nuevo para ellos y quizá hasta hagan comparaciones.

Si trabajas y aportas a tu hogar, notas como eso ayuda a tu familia a sortear el día a día. Sin duda, es motivo de orgullo poder contribuir en casa y si el dinero te da lo suficiente para hacer planes de seguir estudiando, salir con tus amigos o viajar a otras ciudades, eres de aquellos con suerte... Sin embargo, la realidad no es la misma para todos, habrá quien ni siquiera con dos empleos pueda darse el lujo de planear estudios o salir con sus amigos o, mucho menos, viajar a otras ciudades. El dinero puede limitar la forma en la que convives con tu entorno, con tus amigos. Termina influyendo en tus deseos que se vuelven menos ambiciosos porque quizá ves como "inalcanzable" tu deseo de conocer otros lugares o vivir de forma independiente.

Tus conversaciones, tus condiciones de vida, la información y la cultura a la que tienes acceso impacta en ti y en tu futuro creando o cortando de tajo tus ideas, de forma silenciosa, poco a poco, sin que te des cuenta. Estoy seguro de que todos podemos compartir nuestra experiencia sobre nuestras familias y nuestra educación y que podemos aprender de lo que otros viven. Creo que hablar de estos temas con nuestros amigos y compañeros, puede ser un motor importante para repensar nuestro entorno. Sigamos buscando cómo mejorarlo y, haciéndolo, nosotros también nos transformaremos.

Para llevar

Por supuesto que socializar nuestras preocupaciones es un paso importante para realizar cambios. Sin embargo, no olvidemos que también es necesario voltear a ver otras fuentes, por eso, te quiero compartir algunos datos.

Según un estudio del INEGI realizado en 2020, la edad promedio de escolaridad en México es de apenas 9.7 años. [24] Esto quiere decir que el mexicano promedio estudia hasta nivel secundaria. ¿Por qué pasa eso?

---

[24] INEGI. Escolaridad.

Puede ser por el poco o difícil acceso a la información, marginación y faltas en la administración de la educación pública, entre otros factores. Imaginemos lo diferente que puede parecer el mundo antes y después de una educación a nivel medio y, también, lo diferente que puede verse el mundo dada la falta de esta experiencia.

Cabe aclarar que la vida universitaria, aun con los retos que conlleva, es un privilegio. Incluso quienes hemos podido acceder a ello, pocas veces somos conscientes del bien que adquirimos al exponernos ante la sociedad estudiantil universitaria durante un periodo de formación decisivo, como lo es la juventud. Para quienes toda la vida han tenido el privilegio de la educación académica, es más claro que esta es casi un paso necesario en la transición hacia la adultez. Sin embargo, no todos lo ven así.

Los datos mencionados por el INEGI indican que el promedio de la población se ve en la necesidad de "saltar" esta enriquecedora etapa para, directamente, entrar al mundo laboral. Lejos del discurso "echaleganista" que algunos defienden, la educación sigue siendo una esfera a la que muchos no tienen acceso en nuestro país y, aunque mucho se ha mejorado en su cobertura geográfica, no es la realidad para todas las juventudes. Esto, no olvidemos, repercute en sus vidas como adultos. Por ello es importante luchar para que esta situación acabe y la educación superior no sea solo para unos cuantos.

La obligación de ser jóvenes

"La revolución no pasa por la universidad" dijo Salvador Allende. "La revolución la hacen las grandes masas" dijo a los jóvenes de la Universidad de Guadalajara, con la intención de fomentar en ellos y en México el pensamiento crítico. Así, a través de la desconstrucción de ideas y creencias que damos por hecho, podemos dar un mejor uso a nuestra educación.

¿Para qué estudiamos? ¿Por qué ir a la universidad? El estudio no sólo es útil para ganar dinero o para fines académicos; creo que ser universitario debería ser el derecho que dota de habilidades y también *confiere* responsabilidades para quienes la gozan. Lo primordial es, me parece, que las habilidades que desarrollan los universitarios sean aprovechadas por ellos y lo segundo radica en su uso honesto y proactivo en favor de la sociedad. Considero que el conocimiento que se dedica a sí mismo se queda en las aulas; pero que el aprendizaje se da fuera de las mismas y se convierte en sabiduría sólo cuando se pone al servicio de los otros.

Si empleamos nuestro conocimiento únicamente para ganar dinero, será útil a nuestra cotidianeidad y a la de una empresa. No obstante, ponerlo a disposición de nuestra comunidad, aunque sea un esfuerzo que pocos pueden permitirse, puede ser de mayor impacto y, por lo tanto, útil a la sociedad. La poca disponibilidad horaria nunca debe prohibirnos ver la potencial utilidad social que nuestra área de *expertise* puede ofrecer a las colectividades a las que pertenecemos. De ahí que muchos creamos que "el lenguaje universitario debemos dejarlo para las aulas", pero que los conocimientos y propuestas deben enfocarse en transformar para bien la realidad de las personas.

Así, todos los mundos y nuevos horizontes que descubrimos en nuestra etapa académica deberían de aportar al crecimiento de la sociedad y a la constante mejora de las condiciones en que todas y todos vivimos. Para este fin, la construcción de programas sociales por parte de organizaciones no gubernamentales, asociaciones civiles, grupos estudiantiles, colectivos feministas, grupos campesinos y grupos vecinales es fundamental.

Creo que un buen ejemplo de esto son los equipos deportivos como Jaguares, del municipio de Cuautitlán Izcalli, que abre sus puertas de manera gratuita a cualquier joven que quiera entrenar y competir amistosamente. Su profesor, un egresado del Instituto Politécnico Nacional, además ofrece asesoría en materias del área de matemáticas de hasta nivel preparatoria, también de manera gratuita, a los jóvenes del equipo, lo que los impulsa a primero cumplir con sus responsabilidades escolares y, luego, a seguir sus metas deportivas. En un ambiente sano, fomenta no sólo la práctica de un hermoso deporte en equipo, sino que también usa sus conocimientos para reforzar el cumplimiento de los chicos en la escuela y, con ello, su labor se extiende de lo deportivo hasta lo social.

Quiero hacer hincapié en una cuestión que podría pasar desapercibida a este respecto: los jóvenes no deberíamos excluirnos de actividades recreativas. No debemos ignorar nuestra responsabilidad de ser jóvenes. Habitamos un mundo que nos hace sentir que está mal dedicar tiempo a divertirnos. Yo creo que tener un espacio para ello también puede ser visto como una responsabilidad. Al igual que el estudio o el trabajo, dedicar nuestro tiempo al deporte o arte nos confiere rasgos y habilidades que deberíamos perseguir, exalta la belleza y virtudes como la valentía contra la adversidad, el arrojo a lo desconocido promueve la defensa de los valores que nos protegen y protegen a los demás. **Creo que eso es ser joven: defender las libertades, poner al servicio social nuestros talentos por encima de la individualidad que el sistema económico nos obliga a desarrollar.**

No olvidemos que, dentro de un sistema híper productivo, el libre esparcimiento es revolucionario. Uno de los privilegios de ser joven es tener tiempo: eso implica aprovecharlo. Los ratos libres, el arte y el deporte, divertirnos con nuestros amigos en un ambiente sano, todo eso es parte de ser joven. Aun cuando sentimos que no estamos haciendo nada, cumplir con esa responsabilidad nos acerca a los nuestros, nos abre la puerta a la empatía hacia nuestros compañeros generacionales y a enaltecer las virtudes de quienes nos precedieron.

Ser joven no es ir en contra de los adultos o la ley cuando éstos son justos, ser joven es ir contra lo injusto, lo corrupto y lo opresor. El enemigo no son los adultos ni los políticos, lo son las malas prácticas, las mentiras y las injusticias sociales.

Imaginemos

Tener tiempo para estudiar, para dedicar a las actividades recreativas y al descanso, nos da herramientas para conocer más e imaginar más. Con esto me refiero a tres cosas:

1. Mientras más conoces, más quieres conocer. Los gustos y las preferencias personales se forman a partir de situaciones donde te acercas a algo y aprendes cosas nuevas. Un día probaste un helado que no te gustó, al otro uno que sí y así fuiste capaz de reconocer lo que te gusta y lo que no. Así pasa con los libros, la música, la política...

2. Mientras más conoces, más puedes imaginar. Conforme tus gustos e intereses se consolidan, te vas preguntando si existen más o mejores formas de aquello que te gusta: si hay más información en internet sobre el autor que te gustó, si ese artista musical tiene otro disco o ha compuesto con otros, si el político que se acercó a tu puerta tiene

un historial de propuestas... Esas mismas preguntas te llevan a profundizar a través de nuevos canales y desde otras perspectivas.

3. Mientras más imaginas, mejor puedes proponer y crear. Conocer otras realidades te puede conducir a cuestionar, imaginar y plantearte interrogantes como "¿por qué mi calle no se ve como las de Canadá?, ¿es culpa de uno o de varios?, ¿qué puedo hacer yo?, ¿a quién acudo?". Pensar de esta forma puede ser una muestra de que a través de lo que imaginas, dado que conoces otras realidades, donde por ejemplo las calles están en óptimas condiciones, te conduces a proponer un cambio o cuando menos, imaginarlo.

Sin embargo, aunque poder imaginar nuevos mundos es el resultado del conocimiento y el pensamiento crítico, para proponer hace falta conocer más, investigar, experimentar y exponerse a nuevos temas, lugares, personas y conocimientos. Todo esto ayuda a ampliar las variables que se consideran al imaginar y proponer los cambios que nos gustaría ver.

Luchar contra los viejos vicios de la política incluye observar sus errores y, aún más importante, ser crítico de ellos y procurar evitarlos. Tal podría ser el caso de alguien que incursiona en el ámbito político por ambiciones deshonestas. Imaginemos que esta persona se centra en construir una imagen pública y hace de su labor una actuación para alcanzar su objetivo. Cuando haya que resolver problemas, no los entenderá, ni siquiera sabrá por dónde empezar. Para alejarnos de esto habría que esforzarnos más en entender los problemas que en parecer alguien que los entiende. Para ello es necesario priorizar, por encima de las formas, el fondo.

A mi parecer, la política ya está llena de políticos. Por eso creo que, más que pasión y ambición, hace falta entender los grandes problemas y sus causas. El estudio no forma por sí solo al político; admirar la investidura y no **el cambio** es el primer error que evadir.

Es por ello que los más recientes logros conseguidos por la juventud en el país han tenido su génesis en la protesta social y en el trabajo de muchos colectivos que han forzado el cambio. No han esperado a que desde la arena de la función pública alguien cargue con su bandera.

¿Las cosas pueden ser diferentes? Sí.

El futuro todavía puede SER increíble

Por lo expuesto hasta aquí, podríamos decir que hay dos opciones para participar en la política: 1) hacerlo desde las acciones, como abordamos en capítulos anteriores; a esto llamamos libre organización social y 2) la función pública y/o política partidista y electoral. La primera no debe menospreciarse ni ponderarse por debajo de la segunda. Yo creo que son complementarias. Hacen falta jóvenes en ambas.

Cuando pienso en la libre organización social defiendo que hacen falta especialistas ajenos al gobierno, que presten atención a lo que su talento puede aportar a la comunidad. La situación actual exige preparación especializada, esta es la razón de que existan diversos tipos de asesores para llenar esos vacíos. Desde mi perspectiva, para que ocurra un cambio sustancial en la forma en que trabaja el servicio público en el país, se requiere de más especialistas en los puestos de representación que los políticos ocupan regularmente.

Todas las causas, por nobles que sean, atraviesan, en algún punto, algún tropiezo. En esos casos, buscan la mano del gobierno para apoyarse. Así como muchos de los grandes pensadores piensan en política, las grandes y nobles causas deben tener un espacio de participación en la misma. A las organizaciones no gubernamentales, colectivos, asociaciones y grupos ciudadanos no les ha limitado y no les debe limitar el retraso en el espacio político. Al contrario, debe continuar desde la colaboración libre, impulsar sus causas y formar espacios seguros para quienes se acerquen: su resistencia hace fuerza social y eso nunca va a dejar de necesitarse.

Ahora hablemos un poco sobre la función pública. Acudimos a ella cuando se busca la injerencia directa y se encuentra necesaria la participación en la arena pública, la política y la función pública. Para esto, hay varias reglas que acatar. La primera de ellas es aceptarse parte de algo por encima de los intereses individuales. México es un país entorpecido por la politiquería, la habladuría, los escándalos mediáticos, el amarillismo y las corrientes populares. Todo esto merma la labor de la función y opaca el brillo de los éxitos que se alcanzan desde ella.

Si estás participando desde la libre organización social o si te planteas la posibilidad de incursionar en lo público, me gustaría recomendarte que te alejes de lo que nos perjudica a todos. Para algunos jóvenes es muy fácil replicar algunos de los errores más comunes de los políticos y funcionarios. Confunden su incursión política con los pasos de otros que allanaron por la mala el camino: reproducen sus narrativas, pensamientos y formas de mal actuar, se inscriben a más cursos de oratoria que de pensamiento crítico, procuran el traje más caro que puedan pagar y cuidan de su imagen como lo hace la cúpula del poder, buscan las cámaras y el reconocimiento, pretenden servirse de los espacios públicos con poca o ninguna idea de las necesidades sobre las que hay que trabajar. Para aquellos que asisten más a sesiones fotográficas que a las jornadas vecinales y para aquellos que pasan más tiempo diseñando su perfil en redes que escuchando a los colectivos, debemos recomendar con urgencia desistir del servicio público.

En mi experiencia, cuando el actuar de un joven en esta esfera muestra una forzada apariencia adulta, una "apariencia política", es fácil asumir que desconoce sobre lo verdaderamente importante en lo público. Asociar su "participación política" únicamente con lo diplomático y formal, mientras se ignoran las razones y luchas de quienes defienden un proyecto social, una ideología o una transformación social, es muestra de que buscan pertenecer a un gremio, no defender proyectos ni causas sociales. La poca deconstrucción de sus propias ideas refleja que no hay un interés en la gente y sus realidades, sino en posicionarse públicamente y así quizá adquirir algo de relevancia social. Para los que pasan más tiempo cuidando la forma que cimentando el fondo, no hay espacio. Replicar las fútiles prácticas de un sistema fallido significa para los partidos y políticos la subsistencia de su modelo. Seguirán pensando lo que piensan sin cuestionarlo, seguirán conduciéndose como lo hacen y ofreciendo al país lo mismo que siempre han ofrecido: lo mismo que nunca ha sido suficiente.

Si consciente de esto, decides hacerte camino en los asuntos públicos, deberás evitar replicar los modelos obsoletos de la politiquería que no suma. Te será más útil a ti y a tus causas procurar cumplir a cabalidad con tus responsabilidades desde los valores de la empatía, colectividad y congruencia. No pierdas el tiempo en nimiedades como las fotos y los aplausos, porque si tu misión es alterar el rumbo de las cosas para que vayan a mejor, difícilmente lo lograrás replicando las mismas acciones del pasado.

En nada se beneficia una sociedad que incrementa su padrón electoral juvenil si, al mismo tiempo, se repiten los patrones sociales y estructurales con los que deben romper o que, por lo menos, deberían reformar. Si vas a sumarte a un partido político no olvides estudiar críticamente sus ideales y sus acciones, sus principales logros y fracasos, su ideología, su rigurosidad, los espacios que cierran o abren para las diferentes personas que se acercan a ellos. Tu unión a alguno de estos no debe limitarte a sus cláusulas. Al contrario, debería ser parte de tu descubrimiento de la labor política, su ética y sus desfases. **Unirte a un partido debería potencializar los resultados de tus causas y tu trabajo potencializar el alcance de las causas del partido; no sesgarte ni cegarte a lo que sus líderes impongan.**

Debes sentirte en libertad de señalar los problemas y proponer sus mejoras. El relevo generacional tanto en los partidos como en la función pública, sólo tiene sentido cuando representa una evolución en el modo en que se hacen las cosas. De los nuevos conocimientos, causas y talentos debe nutrirse la labor pública, y si no hay medios para esto, de nada sirve un joven ahí. Renunciar a este ímpetu, hoy, es casi la cuota de entrada al partido.

Tu primera tarea es minimizar tu atención a lo mediático; para ello hará falta que construyas una cultura crítica, la cual debes forjar dentro y fuera de tus círculos habituales. La intolerancia y una mente cerrada jugarán en tu contra; procura templanza sobre los arrebatos, aléjate de tu primera opinión, cuestiona la forma en la que piensas. Pon en tela de juicio tus propias verdades.

La mejor recomendación que tengo para ofrecerte es: investiga más sobre el mundo. Camina más por las calles, escucha más a la gente y con especial cautela a quienes te quieran formar a un modo o color específico. Acércate a quienes te abren las puertas al pensamiento crítico y a las nuevas ideas, sobre todo a los nuevos temas; en ellos vas a encontrar nuevas preguntas para conducir otras de tus investigaciones. La función pública necesita más de experiencia que de clases. Céntrate en entender los problemas más complejos de tu entorno, es más fácil proponer posibles soluciones conociendo a profundidad el tema. ¿De qué serviría desarrollar maestría en ser político sin entender los problemas de nuestra comunidad y, por ende, no saber por dónde comenzar a resolverlos?

Si quieres ocupar un cargo, apégate a las definiciones de los grandes pensadores y pensadoras que dieron valor real a la función pública y también cuestiónalas para mejorarlas. Tus investigaciones y los nuevos conocimientos que te brinden deben servir como prueba de lo mucho que ignoras y no de lo poco que conoces. Céntrate en lo primero, asúmelo con humildad y sigue aprendiendo. El mundo de las ideas exige flexibilidad, tu dominio intelectual será más firme cuanto más maleable seas frente a los hechos. Ignorar la realidad y no contrastar tus ideas previas restringe tu capacidad de hallar, proponer y por consecuencia, de lograr cambios sustanciales.

Te encomendamos una doble responsabilidad: si la rechazas, es preferible que mantengas distancia frente al servicio público. Si la aceptas, no te pesará aprovechar de esta pues, contra los muchos pronósticos del pasado, parece que ya casi no quedan adultos políticos en quienes confiar: su camino les ha orillado a buscar lo individual y parece que olvidaron sus razones para entrar a la arena pública. Claro, no podemos generalizar el actuar de todos ellos, pero para que el relevo generacional rinda los frutos que esperamos y logremos ver un futuro mejor, a ti, joven entusiasta, te encomendamos serlo y ofrecer tus cualidades al servicio de tu nación, que no nos falles y reconozcas que, si tienes la oportunidad de un espacio público, lo ocupes a plena conciencia, seas pulcro en tus intereses y te independices de lo ordinario.

No basta ser joven, es imperativo que entiendas tu participación como la última esperanza para muchos de encontrar un servidor público que comprenda su rol y lo desempeñe cabalmente. Si eres un joven en la política o el servicio público, asume que apenas tengas la oportunidad de hacer cambios, es tu responsabilidad efectuar tal labor mejor que los que te antecedieron. Para eso luchamos: por más espacios juveniles, para que las y los nuevos funcionarios lo hagan mejor, no para que reproduzcan todo lo que buscamos eliminar.

La construcción de mejores sociedades la hacen las grandes masas. La desdicha de muchos puede provocarla un solo individuo, pero la creación de mejores condiciones es gracias al esfuerzo de muchos. Por lo mismo, no debemos aspirar a lograr el cambio solos: será de la revolución de las conciencias de donde se produzcan las más ingeniosas y colaborativas ideas. Únete a otros talentos y recoge de sus capacidades, pero ofrece las tuyas primero. Hacer equipo es esencial. No distingas colores en las corbatas ni cierres la crítica a los amigos, cede cuando haya que hacerlo y aférrate cuando sea necesario. Defiende al equipo antes que a ti mismo y confía en que harán lo mismo por ti y tus ideas.

Defendemos que la juventud es la respuesta. Eso nos obliga a ser mejores.

Fuentes consultadas

BADILLO, Roberto. "Cinemex despide a empleados de Oaxaca por exigir pagos de utilidades que les debían hace dos años". *El Heraldo de México*. 01/06/23. Consultado en: https://oaxaca.heraldodemexico.com.mx/tendencias/2023/6/1/cinemex-despide-empleados-de-oaxaca-por-exigir-pagos-de-utilidades-que-les-debian-hace-dos-anos-9724.html

BAUMAN, Zygmunt. *Modernidad líquida*. Fondo de Cultura Económica. 232 págs.

Cámara de diputados, "Cuotas electorales para que los jóvenes accedan al poder legislativo en México y en diversos países del mundo". Consultado en: https://www.diputados.gob.mx/sedia/sia/se/SAE-ASS-19-22.pdf.

CAMPOS-Vázquez, Raymundo M., Luis F. López-Calva, Nora Lusting. "Reducción de los salarios de los trabajadores con educación universitaria en México? ¿Son los más jóvenes o los más viejos los más perjudicados?" *Revista de Economía Mundial* 43, 2016, 93-112. Consultado en: https://www.redalyc.org/pdf/866/86647324005.pdf

Centro de Estudios Espinosa Yglesias. *Informe movilidad social en México 2019*. Consultado en: https://ceey.org.mx/wp-content/uploads/2019/05/Informe-Movilidad-Social-en-M%C3%A9xico-2019.pdf

EFE. "Millenials mexicanos: ¿cuánto ganan y en qué trabajan?". *Informador*. 04/08/21 Consultado en: https://www.informador.mx/economia/Millenials-en-Mexico-perfil-de-cuanto-ganan-y-en-que-trabajan-20210804-0091.html

El Economista, "¿A qué edad de independizan los jóvenes en México?". *El Economista*, 05/07/16. Consultado en: https://www.eleconomista.com.mx/politica/A-que-edad-se-independizan-los-jovenes-en-Mexico-20160705-0022.html

Greenpeace, *En busca de los corporativos que más contaminan el mundo con plástico*. Vol. 1. Consultado en: https://www.greenpeace.org/static/planet4-mexico-stateless/2018/11/c9fd0594-c9fd0594-corporativos-que-mas-contaminan-el-mundo-con-plastico.pdf

HERNÁNDEZ Osorio, Lilián. "Publica el DOF acuerdo que reduce edad para ser diputado o secretario". *La Jornada*. 07/06/23. https://www.jornada.com.mx/notas/2023/06/07/politica/publica-el-dof-acuerdo-que-reduce-edad-para-ser-diputado-o-secretario/#:~:text=El%20presidente%20Andr%C3%A9s%20Manuel%20L%C3%B3pez%20Obrador%20public%C3%B3%20en,a%C3%B1os%20y%2025%20a%C3%B1os%20para%20secretario%20de%20Estado

HESS, C. "Mapping the New Commons, in Governing Shared Resources: Connecting Local Experience to Global Challenges" (documento presentado en la *12th Biennial Conference of the International Association for the Study the Commons*). University of Gloucestershire, Cheltenham, Inglaterra. Recuperado de: https://dlc.dlib.indiana.edu/dlc/bitstream/handle/10535/304/Mapping_the_NewCommons.pdf

HINTON, Geoffrey, "Will digital intelligence replace biological intelligence?". University of Oxford. Consultado el 10/05/24 en https://www.youtube.com/watch?v=N1TEjTeQeg0

HURTADO Razo (@LuisHuRRa), "Cómo usan #WhatsApp los mexicanos". Post en Twitter, 04/10/21. Consultado en: https://twitter.com/LuisHuRRa/status/1488620942427402248

IMCO. Índice de Competitividad Estatal 2023. 09/07/23. Consultado en: https://imco.org.mx/indice-de-competitividad-estatal-2023/

INEGI, "Escolaridad". Consultado en: https://www.cuentame.inegi.org.mx/poblacion/escolaridad.aspx

MONTAÑO, Francisco. "En México, 70,1% de las mujeres de 15 años y más ha experimentado alguna situación de violencia". *Debate*, Política. 30/08/22. Consultado en: https://www.debate.com.mx/politica/En-Mexico-70.1de-las-mujeres-de-15-anos-y-mas-ha-experimentado-alguna-situacion-de-violencia--20220830-0156. html

NAVA Bolaños, Isalia. "¿Qué paso con el bono demográfico de México?". *Gaceta UNAM*. 22/05/23. Consultado en: https://www.gaceta.unam.mx/que-paso-con-el-bono-demografico-de-mexico/

ONU Habitat, Naciones Unidas Derechos Humanos. *El derecho a una vivienda adecuada.* Consultado en: https://www.ohchr.org/sites/default/files/Documents/Publications/FS21_rev_1_Housing_sp.pdf

ONU Mujeres México, "Naciones Unidas insta a acelerar las acciones y el financiamiento para avanzar hacia la igualdad de género", 08/03/24. Consultado en: https://mexico.unwomen.org/es/stories/comunicado-de-prensa/2024/03/dia-internacional-de-la-mujer-2024comunicado

Organización Panamericana de la Salud y Organización de la Salud. Seminario virtual: Microplásticos: desafíos de salud y ambiente. Consultado en: https://www.paho.org/es/eventos/seminario-virtual-sobre-microplasticos-desafios-salud-ambiente-10-agosto-2023

PICAZO, D., Pérez Piñón, M., Contreras, C., Sagarnaga Chávez, D. "La estafa académica: Fraude en las publicaciones científicas". *Tecnociencia Chihuahua*, 2020, Vol.13 (3). Consultado en: https://vocero.uach.mx/index.php/tecnociencia/article/view/478/1831

SEP, *Estado de México.* Consultado en: https://planeacion.sep.gob.mx/Doc/Atlas_estados/estado_de_mexico.pdf

SEP. "Principales cifras del Sistema Educativo Nacional 2020-2021". Disponible en: http://www.planeacion.sep.gob.mx/Doc/estadistica_e_indicadores/principales_cifras/principales_cifras_2020_2021_bolsillo.pdf

SEPÚLVEDA, Daniel. ""Rosa pastel", el trend más triste de México que se volvió viral en TikTok". *El Universal*, 13/07/23. Consultado en: https://www.eluniversal.com.mx/tendencias/rosa-pastel-el-trend-mas-triste-de-mexico-que-se-volvio-viral-en-tiktok/

SIERRA Caballero, F. "Filosofía de la comunicación: En torno a los medios". *Signo Y Pensamiento,* 7(13), 1988, págs. 137–144. Recuperado a partir de https://revistas.javeriana.edu.co/index.php/signoypensamiento/article/view/3505

WEBER, Max. *El político y el científico.* Alianza Editorial. 280 págs.

Nota final

Cada palabra de este libro resuena con la vibrante energía de la juventud y la promesa de un mañana transfor-
mado por su acción. El autor es un testigo de la pasión
que los jóvenes aportan al escenario político y que, personalmente, impulso con convicción.

Este libro es un llamado a sus sueños más audaces,
una invitación a ser protagonista del mundo. Cada página
es un recordatorio de que tu voz importa, de que tus acciones pueden cambiar el curso de la historia.

Entonces, jóvenes del mundo, escuchen el llamado
que late en estas páginas. ¡El futuro les aguarda con los
brazos abiertos, listo para ser moldeado por su valentía
y visión!

Rodrigo Ortiz Camacho
Empresario, funcionario y orgulloso amigo de la
juventud mexiquense